中外教育名著导读书系

马卡连柯教育名著导读

王凌皓　主编

牛利华　郑晓坤　编著

吉林文史出版社

图书在版编目（CIP）数据

马卡连柯教育名著导读 / 牛利华，郑晓坤编著；
王凌皓主编. —— 长春：吉林文史出版社，2015.12（2021.6 重印）
（中外教育名著导读书系 / 王凌皓主编）
ISBN 978-7-5472-2276-8

Ⅰ．①马… Ⅱ．①牛… ②郑… ③王… Ⅲ．①马卡连
柯，A.S.（1888～1939）－教育理论－著作－介绍 Ⅳ.
①G40-095.12

中国版本图书馆CIP数据核字（2015）第309553号

马卡连柯教育名著导读

MAKALIANKEJIAOYUMINGZHUDAODU

主编／王凌皓

编著／牛利华　郑晓坤

责任编辑／高冰若

封面设计／李岩冰　李宝印

印装／三河市燕春印务有限公司

开本／720mm×1000mm　1/16

字数／170千字

印张／10

版次／2015年12月第1版　2021年6月第6次印刷

出版发行／吉林文史出版社（长春市福祉大路5788号）

书号／ISBN 978-7-5472-2276-8

定价／39.80元

目 录

第一章　人物生平和人物简介　/ 1

一、十月革命之前：投身实践，博学多闻　/ 1

二、十月革命之后：艰苦办学，心系孤儿　/ 5

第二章　马卡连柯论家庭教育　/ 8

一、家庭教育总论　/ 8

二、游戏　/ 16

三、文化修养的培养　/ 23

第三章　马卡连柯论集体教育　/ 29

一、什么是集体　/ 30

二、集体与个人的关系　/ 31

三、如何进行集体教育　/ 42

第四章　马卡连柯论纪律与惩罚　/ 71

一、纪律及其特点　/ 71

二、惩罚的影响和方法　/ 80

第五章　马卡连柯的教育方法体系　/ 87

一、寓教于乐　/ 87

二、平行影响　　/ 90

三、尊重和信任　　/ 101

四、理论联系实际　　/ 107

五、队长制的教育法　　/ 113

六、个别影响的教育方法　　/ 117

七、尊重的教育方法　　/ 120

八、心理冲击法　　/ 121

第六章　马卡连柯论课余生活　　/ 124

一、课余生活的作用和地位　　/ 124

二、组织课余活动的原则　　/ 125

第七章　教育过程的组织方法　　/ 130

一、集体的组织结构　　/ 130

二、分队的自治　　/ 133

三、学生自治机构　　/ 137

四、全体大会　　/ 140

五、集体中的会议　　/ 141

六、卫生委员会　　/ 143

第八章　马卡连柯论教育学　　/ 146

一、教育方法　　/ 147

二、教育目的　　/ 150

结　语　　/ 154

马卡连柯是对我国有较大影响的教育家,他有许多代表性的教育著作,其中既闪耀着教育的智慧,又常常体现着人性的光辉。虽然由于当时的历史条件和马卡连柯个人的经历与信仰,其教育思想中不可避免地存在一些不合理或者随意的观点和论断;有些观点虽然合理,但是很多时候是基于苏联经验,并不适合我国的教育实际。但这仍然不能影响马卡连柯对人类教育思想宝库的贡献。

第一章 人物生平和人物简介

安东·谢苗诺维奇·马卡连柯(Makarenko, Anton Semiohovich, 1888-1939),苏联优秀的教育家,世界知名的教育理论家、教育实践家和作家。与多数教育理论工作者不同的是,马卡连柯的教育理论都是基于他长期的教育教学实践总结而得出的,而他的教育观点和理论也在实践中得到验证和提升。可以说,马卡连柯的教育经历是对"理论来源于实践,并高于实践"的最好诠释。他不懈的教育追求和坚定的教育信念更是对当今的教育工作者产生着潜移默化的影响,对今天的教育工作者是一种激励和促进。

一、十月革命之前:投身实践,博学多闻

马卡连柯的生活、实践和理论探索与俄国革命的发展历程、苏联人民争取实现社会主义和共产主义理想的斗争,苏联在20世纪二三十年代的教育改革和教育建设是紧密相连的。他的理论反映了苏联人民在以列宁和斯大林为

首的联共(布)中央和苏联政府领导下奋勇斗争并取得辉煌成就的那个时代的要求。[1]

经历是一个人不可剥夺的资源,它于每个人都是不同的,极具个性化,是一个人的思想发展和行为选择背后的决定性因素。众所周知,一个人是生活在一定的社会条件之中的,他从开始在社会中生存起,也即对社会开始认识和理解起,就要受到种种社会因素直接或间接的影响,这种影响在他们社会化的过程中,也即随着他们对各种社会问题认识的深入而逐渐深化。这些因素不仅影响一个人的世界观、人生观、价值观,而且也影响着他们对社会问题的认识与处理。当然,这种影响通常是隐性的,不反思是不容易察觉到的。但无论意识到与否,这些因素都始终对人的发展和思考问题的方式起着作用。尤其是当一个人在社会生活中要参与决定或解决某一社会问题,或当他们之间要对同一社会问题达成共识时,这些社会因素,特别是其中的价值因素就必然直接地、不容置疑地对他们产生重要的作用和影响。

马卡连柯的教育选择、教育成绩以及坚定的教育追求与他早期的生活实践是紧密相连的。马卡连柯于1888年3月13日出生于乌克兰别洛波里城的一个普通工人家庭,他的父亲是铁路工厂油漆工人。他在波尔塔瓦师范学院毕业后就专心从事教育工作。

1905年马卡连柯从师资训练班毕业,可以说马卡连柯受到的是最初级的师范教育。之后他开始在一个工厂的学校担任小学教师工作,他在这所学校工作了9年,而这9年间积累的教育经验对马卡连柯的成长有着十分重要的意义。后来,马卡连柯于1914年进入师范专科学校学习,在这个学校毕业时获得了金质奖章。在15年的教育实践中,马卡连柯积累了丰富的经验,奠定了他的教育思想的基础。

───────────
[1] 吴式颖等编.马卡连柯教育文集[C].北京:人民教育出版社,1985.1.

尤其是1905至1907年的俄国革命对马卡连柯的人生轨迹影响是比较深远的。由于他生长于俄国南部工业交通比较发达的地区，这时又执教于铁路小学，学生家长多为铁路员工，他自己又出身于这一阶层，这就使他和工人群众格外容易建立与保持经常联系，接受他们革命情绪的影响。同时，他接触到布尔什维克的秘密书刊，醉心于阅读高尔基的著作。这对年轻的马卡连柯世界观的形成起了重要作用。40年后，已经成为全苏著名的教育家和作家的马卡连柯在回顾自己成长的历史时写道："如果我们对历史的认识是通过其他途径，通过布尔什维克宣传和革命的事件，特别是通过我们的生活而了解历史的话，那么高尔基教导我们感觉这个历史，并以憎恨、热情、更大的自信的乐观主义、那种要求'让暴风雨来得更猛烈些吧'的巨大喜悦等等感染我们。"又说："我们这些在1905年开始劳动生活的人，是通过马克思主义学说、列宁和布尔什维克党的斗争培养了我们的思想和意志的。我们的感情、人的内在本质的形象和图画是由于马克西姆·高尔基的创作而形成的。"

十月革命前，马卡连柯在小学工作了10年（1905-1911年执教于克留科夫城的五年制二级铁路小学，1911-1914年在海尔逊省多林斯卡亚车站的铁路小学），并毕业于波尔塔瓦师范学院专科学校。这使他一方面积累了教育、教学经验，另一方面奠定了比较扎实的文化、科学、哲学、心理学与教育学的知识基础。1922年，马卡连柯在请求到俄罗斯联邦教育人民委员部所属的教育行政干部研究院学习的申请书中谈到过自己在师专学习时的情况。这些情况说明，马卡连柯除掌握学校课程范围内的一般知识外，还刻苦地钻研了自然科学，反复阅读了达尔文的著作。"他熟悉施米特（苏联学者和国务活动家，在数学和地球物理学方面做出了贡献）和季米利亚捷夫（俄国自然科学家）的著作，熟悉达尔文主义者的最新论述，还读了其他一些生物学家的书。他熟悉化学的一般原理和近代化学哲学，读过门德列耶夫、莫罗佐夫（苏联科学院名誉院士，撰写有化学、物理、天文、数学和历史方面的著作)、拉姆塞(英国化学家和物理学家)的著作,并广泛涉猎了地理学方面的著作。马卡连柯热爱文艺书籍,阅读了许多世界文豪,如莎士比亚和一些俄国文学家的作品。历史也是马卡连柯心爱的学科。在政治经济学、社会主义史和哲学方面,他也读了许多书,很熟悉列宁的著作。读过所有用俄文写的心理学,在教育学方面,曾读过许多,也思考过许多。"[1]这些广泛的哲学、自然科学、心理学、政治经济学及教育学基础,对马卡连柯日后的教育实践和教育思想的提升和提炼是非常有帮助的。

除此之外,马卡连柯曾经学习和工作过的学校对马卡连柯的成长也起到了潜移默化的作用。马卡连柯执教过的学校都是铁路员工子弟学校,学校与社会、教师与学生、教师与家长的关系远比一般的学校好。教师除完成教学任务外,还组织学生参加各种课余活动。这使年轻的马卡连柯得到了许多锻炼。马卡连柯就读的波尔塔瓦师范专科学校也是当时一所办得比较好的学校。他在师专学习时,就曾写过一篇以《现代教育学的危机》为题的论文,因而获得了金质奖章。可见他在师专获得的知识对于他的教育观的形成不无影响。马卡连柯逝世前不久还曾在一次会议上提到波尔塔瓦师范专科学校的校长亚历山大·康斯坦丁诺维奇·伏尔宁对他的影响。他说:"在那个时候,校长当然不能是公开的布尔什维克,不能公开培养布尔什维克的品质。但是从他的手里培养出了许多布尔什维克,并且有许多人在国内战争的前线上牺牲了生命。这是因为,他永远是一个真正的人,并且在我们身上培养着人的最好的志向。在我的教育发展中,他使我获得了最主要的原则和精神修养";"我从他那里吸收了我的教育信念的主要原则:尽量多地要求一个人,也尽可能地尊重一个人"。

十月革命前的经历为马卡连柯从事创办工学团的工作提供了思想准备和知

---

[1] 吴式颖等编.马卡连柯教育文集[C].北京:人民教育出版社,1985.2.

识基础, 而马卡连柯的教育思想体系则是在十月革命之后逐渐形成的。

二、十月革命之后: 艰苦办学, 心系孤儿

马卡连柯的教育才能在十月革命后才得到真正的发挥。在1920-1935年的16年中, 马卡连柯领导了高尔基工学团和捷尔任斯基公社。虽然是两个不同的名称, 但这两个实体可以看作是一个集体。因为当时乌克兰教育人民委员部把马卡连柯调离高尔基工学团前往捷尔任斯基公社工作时, 那里已经有50名高尔基工学团的成员了。紧接着马卡连柯到来之后, 又有100个高尔基工学团的学员转学到捷尔任斯基公社。事实上, 捷尔任斯基公社不仅继承了高尔基工学团的经验和集体主义的优良传统, 而且在学员上也有重叠, 这使马卡连柯在捷尔任斯基公社的工作更加容易开展。

早在第一次世界大战以前, 沙皇俄国就有二百万以上的流浪儿童和少年。到了20年代初, 由于第一次世界大战和苏联国内战争, 由于饥饿和破坏, 这个数目更是大大地增加了。但即使在非常艰苦的国内战争年代和后来的恢复时期的初期, 年轻的苏维埃国家也毅然采取措施, 坚决消除国内到处有儿童流浪及儿童犯罪的现象, 同时也对这些儿童表现了极大的关怀。正是在这样的背景下, 马卡连柯开始接触流浪儿童和少年违法者的教育工作。1920年, 马卡连柯受乌克兰哈尔科夫省人民教育委员会的委托, 在波尔塔瓦创办了一个童犯劳动教养院(后称高尔基劳动教养院), 来改造这些未成年的违法者。马卡连柯的名著《教育诗》描写的就是这个教养院8年(1920-1928)的历史。后来, 马卡连柯又主持了同等性质的捷尔任斯基公社, 马卡连柯大胆进行教育实践, 积极探索新的教育规律, 提出了通过集体和生产劳动来教育儿童以及在集体中进行教育的原则和方法, 经过艰苦的工作, 把三千多名走入歧途的青少年改造成为具有共

产主义觉悟和一定知识技能的社会主义建设人才和先进人物,引起了国内外广泛的注意。

创办工学团之初,马卡连柯面临着重重困难。首先,他面临的教育对象比较特殊——大量的流浪儿童和少年违法者,"这些流浪儿童越弄越多,街上简直走不过去了,而且他们还随便往人家里闯"[1]。这些儿童存在很大的行为问题,诸如偷窃、持枪抢劫等,他们"带着恶意的微笑和轻蔑的神气",教育难度非常大。这是当时社会的新问题,需要用新的方法进行教育,马卡连柯意识到,当时的教育没有现成的经验可以遵循,"没有什么现成的科学和理论,理论应该从我眼前发生的全部现实事件里去归纳出来"[2],只能逐步摸索实践。这对马卡连柯来说,无疑是个非常大的挑战。不仅如此,还常常会遭到其他人的议论和质疑。其次,由于国家经济在战后处于暂时困难时期,师生在生活上处于无法想象的贫困之中——挨饿受冻。师生吃的是小米粥,穿得差不多同样的破烂,教师们差不多不领工资,连修靴子的钱都没有,靴底破了很长时间,都没有打掌,总有一块包脚布要钻出来。工学团的校舍,都是破旧的房屋,缺乏任何设备;为了解决师生的饮食问题,马卡连柯经常要到处化缘,"越出狭小的教育圈子,进攻到临近的几个部门里去,比方像省粮食委员会、第一后备军军粮供应委员会,或是某个相应部门的供应部。人民教育委员会绝对禁止这一类的游击战,所以出击必须秘密进行",而这些募集活动都是瞒着人民教育委员会进行的。因为别人都怕"瘪三",没有人愿意来这里从事教育工作,起初学校里的教师只有四名,除马卡连柯自己外,还有一名年老的总务主任和两名女教师。而面对的却是曾持枪抢劫和盗窃的失足者——他们都是身强力壮、行动敏捷的青少年。这些人对教师傲慢无礼,粗暴野蛮,蛮横地拒绝和破坏工学团一切自我

---

[1] 马卡连柯著,许磊然译.教育诗(第一部)[M].北京:人民文学出版社,1957.7—8.

[2] 马卡连柯著,许磊然译.教育诗(第一部)[M].北京:人民文学出版社,1957.11.

服务的规则。马卡连柯本不主张体罚，可是最初竟被学员逼到绝望和疯狂的地步，还动手狠打了扎陀罗夫。后来，他冷静下来思考，觉得这种做法实在不妥，只能是当时无能为力情况下的一种解脱。

在困境中，马卡连柯每天工作15—16小时，有时甚至到了要隔一夜才睡一次的地步。马卡连柯坚信"培养人，就是培养他对前途的希望"。他通过对现实状况的分析、研究，逐步形成了坚定的信念：失足青少年是完全可以教育好的。应当采取既严格要求，又满怀尊重和信任的态度，通过组织他们从事生产劳动，把他们引导到正常的广阔的生活大道上去。在这一思想指导下，他带头与学员同甘共苦，率领他们到附近森林中去砍伐树木，共同完成劳动任务。以此为突破口，他对学员提出了服从纪律、热爱劳动、建立和健全生活制度的要求。接着，马卡连柯抓住时机，利用逃亡地主的大庄园这一有利条件，组织学员自己动手，耕种土地。最初三年中，新学员一批批进来，工学团经营生产范围也逐步扩大。他们先后组织了铁工厂、木工场、制鞋场、面包房，还办起了养猪场和放牧场。学员们的生活日益富裕起来，精神面貌也逐渐起了变化。劳动改造了他们好吃懒做、唯利是图的劣习。

马卡连柯一生的作品颇丰，主要教育文艺著作有《教育诗》《塔上旗》《父母必读》；主要教育理论著作有《教育过程的组织方法》《儿童教育讲座》《普通学校的苏维埃教育问题》；20世纪50年代苏联出版的7卷本《马卡连柯教育文集》，80年代出版的8卷本《马卡连柯教育文集》。

第二章　马卡连柯论家庭教育

在人的社会化的三大媒介——学校、家庭和社会中，家庭对人的影响最为持久，它以潜移默化的力量无时无刻地不对人的成长产生着作用。在完成社会化任务的许多方面，家庭都是理想的场所。家庭作为一个最基本的初级群体，成员之间存在大量的面对面的交往，儿童的错误行为能得到及时纠正。在儿童进入学校之后，教育的主要任务转移到了学校，但是家庭仍然是教育后代的主要阵地。

然而，令人遗憾的是，现代社会的家庭教育问题却相当令人忧心。当前家庭社会化的主要问题，是存在十分普遍的四过现象：过多照顾、过高期望、过度保护、过分爱护。这样的现实令家庭教育的作用大打折扣，甚至很多时候在起着不良的教育影响。马卡连柯高度重视家庭对人的教育影响，并对家庭教育做了较为系统的论述。他关于家庭教育的地位、方法等问题的阐释或许能够给现代人带来一些启示。

一、家庭教育总论

（一）家庭教育的重要性

在家庭教育上，马卡连柯一针见血地指出："正确地、规范地教育孩子比对孩子进行再教育要容易得多。"[1]如果家长因为忙碌、工作的压力等各种原因而

---

[1]　吴式颖等编.马卡连柯教育文集[C].北京：人民教育出版社，1985.129.

疏忽了对自己孩子的教育，那么你将花更多的时间和精力进行改造和矫正等再教育的工作。而这种再教育工作将不是那么容易的事情，和正常的教育比起来，会更困难，而且是痛苦的，常常事倍功半。即使花出很大的代价，对问题儿童的改造取得了一定成绩，使这些人成功地进入了社会，但是，如果这个人从一开始就受到正确的教育，他从生活中汲取的东西就更多，会获得更加有前景的生活。有过教养院工作的马卡连柯对此认识更为深刻。因此，"应该力争进行正确的教育，使以后不必进行再教育，再教育是困难得多的事情"[1]。

（二）家庭教育中不同成员的地位

每个家庭都是由享有平等权利的社会成员构成的集体，但是，家长和儿童在家庭教育中的地位仍然是不同的，家长领导着家庭，儿童在家庭中接受教育。同时，家长也应该意识到，他在家中不是绝对的、不受约束的主人，而只不过是一位年长的、负有责任的成员，在教育方式上应该以必要的平等、民主为基础。

（三）家庭教育方法

1. 言传身教

在马卡连柯看来，家长的行为是最具有决定性意义的东西。很多家长认为，只有当家长与孩子进行谈话，或教导或命令孩子的时候才是在教育孩子。实际上，在家庭生活中的每一时刻，即使家长不在家的时候，都在教育着孩子。家长穿什么样风格的衣服，家长怎样与别人交谈，以及在谈论别人时流露出的态度，家长怎样对待周围人的态度——诸如此类的家长的学识和涵养以及在待人接物时所体现出来的品格，所有这一切对孩子都具有重要意义。

---

[1] 马卡连柯著，诸惠芳译.儿童教育讲座[M].石家庄：河北人民出版社，1997.18.

孩子能发现并感觉到语调中的细微的变化；您思想上的所有转变，都会通过无形的途径传达给孩子，而您却没有察觉。如果您在家里很粗暴，或者爱吹牛，或者酗酒，甚至更坏，您侮辱母亲，那么您就不必再考虑教育问题了：您已经在教育您的孩子们了，而且在教坏他们，任何最好的忠告和方法对您都是无济于事的。

父母对自己的要求，父母对自己家庭的尊重，父母对自己的一举一动的检点——这就是首要的和最主要的教育方法！[1]

2. 在真实的生活中接受教育

正确的教育并不要求家长对孩子寸步不离，这样的教育会给孩子的成长带来危害，会导致他们过于依赖成人社会。做家长的应该给孩子足够的自由，不应使孩子时刻处于家长的个人影响之下，而应该让儿童接触丰富多彩的生活，受到来自生活各个方面的影响。马卡连柯送给家长的建议是：

您不要认为您应该小心翼翼地把您的孩子与消极的影响或甚至敌对的影响隔绝开来。要知道，在生活中儿童总归要接触到各种各样的诱惑，接触到异己的人和有害的人及情况。您应该培养儿童对这样的人和事进行分析和与之斗争的能力，及时认识他（它）们的能力。在温室中进行教育，长期生活在与人隔绝的环境中，是培养不出这种能力的。因此，让您的孩子们接触各种各样的环境当然是完全应该的，但任何时候都不可以放任不管。[2]

不要指望大量地耗费时间，应该善于指导孩子，而不要让他与生活隔绝。教育工作中最主要的是要组织好家庭生活，要十分关注小事。[3]

3. 及时地帮助，及时地制止，及时地引导

家长需要做的是经常修正儿童的生活，而根本不是牵着孩子的手引他前行。成人随时随地都在进行着教育，即使家长不在家时，也对孩子产生着影响。

[1] 马卡连柯著, 诸惠芳译.儿童教育讲座[M].石家庄: 河北人民出版社, 1997.15—16.

[2] 马卡连柯著, 诸惠芳译.儿童教育讲座[M].石家庄: 河北人民出版社, 1997.17.

[3] 马卡连柯著, 诸惠芳译.儿童教育讲座[M].石家庄: 河北人民出版社, 1997.18.

家庭教育并不像有些家长想的那样,会花费很多时间,而是需要合理利用少量的时间进行教育。

4. 家庭教育无小事

您在小姑娘的头发上打一个什么样的蝴蝶结,这样或那样的帽子,某一种玩具——所有这些都是在儿童的生活中具有最重大意义的东西。好的组织工作就是不忽略不起眼的细节和小事。琐碎的小事每天、每时、每刻都在经常地起着作用,生活就是由无数的小事组成的。[1]

指导这种生活,组织这种生活,这就是家长的最重要的任务。

5. 树立威信

马卡连柯一针见血地指出,教育者没有威信是不行的,"在儿童天真的心目中威信被看作家长的力量和价值"[2]。而家长的威信来自哪里呢?怎样形成这种威信呢?

(1)培养听话的孩子不应该成为教育的目的

在每个家庭中都可以建立威信,这根本不是一件很困难的事。但是,有些家长常常把这种威信建立在错误的基础上。

他们竭尽全力去让孩子们听他们的话,这就是他们的目的。而实际上这是个错误。威信和听话不可以作为目的,目的只有一个,那就是正确的教育。只应该去追求这个唯一的目的。让孩子听话可能仅仅是达到这个目的的途径之一。那些家长恰恰不考虑教育的真正目的,而是为了达到听话的目的去得到让孩子听话的结果。如果孩子听话,家长生活得就安宁一些。而这安宁本身就是他们的真正目的。事实上无论是安宁还是听话,都不能保持长久。建立在错误基础上的威信只能在很短的时间内起作用,很快一切就会土崩瓦解,既没有威信,也没有听话。常常也有这样

---

[1] 马卡连柯著, 诸惠芳译.儿童教育讲座[M].石家庄: 河北人民出版社, 1997.18.

[2] 马卡连柯著, 诸惠芳译.儿童教育讲座[M].石家庄: 河北人民出版社, 1997.19.

的家长，他们取得了让孩子听话的结果，而忽视了教育的其他所有目的：确实培养出了听话的孩子，然而是一个懦弱的孩子。[1]

（2）警惕家庭教育中虚假的威信

以高压获得的威信。在一些家庭中，父亲在家里总是吼叫，总是发脾气，经常为了点滴小事而大发雷霆。不管什么场合之下都会轻易地对子女举起棍棒或皮鞭，粗鲁地回答孩子的每一个问题，惩罚孩子的每一个过错，这就是高压下产生的家长威信。

这种威信不能起任何教育作用，它只能使孩子养成离可怕的爸爸更远一些的习惯，它引起儿童的虚伪和人性的懦弱，同时它在儿童的心中孕育残忍性。这样的被打怕了的和没有自由的孩子，将来或者长大成为讨厌的、毫无用处的人，或者成为任性胡闹的人，在自己的整个一生中报复儿童时期所受到的压迫。[2]

以疏远获得的威信。有一些父母，他们常常为了树立自己在孩子面前的权威而减少和他们交谈。他们时不时地以长官的面目出现，和孩子之间若即若离，生怕和子女的亲密无间会影响自己在家庭中的权威，总是企图以距离来树立自己在孩子面前的威信。不用说，这样的威信不会带来任何好处，这样的家庭在教育时会存在很多问题。

以妄自尊大获得的威信。"这是以疏远获得的威信的一种特殊形式，但可能是一种更有害的威信。"[3]父母在家显耀自己的工作成绩和地位，以高傲的态度对待其他人。这样的态度无时无刻不在影响着家里的孩子，孩子们也在同学面前经常说一些吹嘘的话，比如动辄就说：我爸爸是名人、我爸爸是首长等等。家长完全不清楚在这样妄自尊大的家庭气氛中成长起来的孩子，将来会成长为什么样子。

---

[1] 马卡连柯著, 诸惠芳译.儿童教育讲座[M].石家庄: 河北人民出版社, 1997.19—20.

[2] 马卡连柯著, 诸惠芳译.儿童教育讲座[M].石家庄: 河北人民出版社, 1997.20.

[3] 马卡连柯著, 诸惠芳译.儿童教育讲座[M].石家庄: 河北人民出版社, 1997.21.

以迂腐获得的威信。有些家长坚信，孩子应该战战兢兢地顺从家长说的每一句话，父母的话在子女面前永远是神圣的、不可违背的。他们常常冷冰冰地发布命令，而且命令一旦发出，就立刻变成法规。"孩子的生活、孩子的兴趣发展、孩子的成长，悄悄地在这样的爸爸身边进行着，然而他除了自己在家里官僚主义地发号施令之外什么也看不见。"[1]

以说教获得的威信。

家长用喋喋不休的教训和训诫式谈话，确确实实地把儿童的生活搞得痛苦不堪。在只需用开玩笑的口气与孩子说几句话的情况下，家长却让孩子坐在自己的对面，开始自己的枯燥乏味的、令人讨厌的谈话。这样的家长坚信，训诫中包含着主要的教育智慧……但是他们忘记了，孩子不是成人，孩子有自己的生活，必须尊重孩子的这种生活。孩子的生活比成人更有情趣，更有热情，孩子最不善于发表议论。让孩子养成思索的习惯必须是逐步的，而且是相当缓慢的，而家长经常不断的高谈阔论、单调乏味的絮语和唠叨，在孩子的意识中几乎不留下任何痕迹。[2]

因而家长通过这种说教也很难树立起自己的威信。

以爱获得的威信。这是在很多家长身上存在的一种虚假的威信。家长通过温柔的言词、没完没了的亲吻、抚爱和表扬等方式过分表达他们对子女的爱。如果孩子一出现不听父母的话的时候，他们马上会失望地反问："你不爱爸爸了吗？"家长对孩子的爱无可厚非，但是不可过分沉溺于这种教育情境而忽略了其他更多教育细节。

以善良获得的威信。

在这种情况下儿童的听话仍然是通过儿童的爱养成的，而这种爱的产生不是由于亲吻和真情的流露，而是由于父母的让步、软弱和善良。爸爸或妈妈在孩子面

---

[1]　马卡连柯著，诸惠芳译.儿童教育讲座[M].石家庄：河北人民出版社，1997.22.
[2]　马卡连柯著，诸惠芳译.儿童教育讲座[M].石家庄：河北人民出版社，1997.22.

前的形象如同善良的天使。他们满足孩子的所有要求，他们什么也不怜惜，他们毫不吝啬，他们是非常好的父母。"[1]

马卡连柯认为这是一种最不聪明的威信。在这样的环境里，会产生一种不好的倾向，那就是孩子很快就可以指挥起父母来了，父母常常为迁就孩子的要求、任性和愿望而违背教育的原则，久而久之就会养成一种任性的性格。

以友谊获得的威信。一般来说，父母和子女可以成为朋友。马卡连柯承认这一点。但是他随后指出，家长毕竟是家庭集体中的年长的成员，有更多的知识、社会经验和阅历，而孩子正在处于成长期，这决定了孩子依然是受教育者。如果父母和子女的友谊达到了极限，教育也就中止了。比如子女直呼父母姓名，不断地教训父母，对待父母不仅谈不上听话，甚至连最基本的尊敬都没有了。因此，马卡连柯指出，没有相互的尊敬就没有真正的友谊，这连父母和子女的相处都是如此。

以收买获得的威信。有些家长常常靠礼物和许诺来收买孩子，让他们听话。常见的情形就是："你听话，我就带你去买吃的""如果你按照我的话做，我就给你买小马"……马卡连柯指出，这是一种最不道德的威信。当然，他不否认家庭中可以有类似的物质奖励来刺激孩子的进取心和做事的积极性。但是，需要警惕的是，家长在任何情况下都不能为了达到让孩子听话的目的而奖励孩子，不可以用诱惑性的许诺去督促孩子完成学校或家长布置的任务和工作。这样极易养成孩子强烈的功利心和利己品性。

那么真正的家长的威信是什么样子的呢？

家长威信的主要基础只可能是家长的生活和工作、他们的公民面貌、他们的行为。家庭是一项巨大的、责任重大的事业，家长领导着这项事业，并为它对社会、对自己的幸福和对孩子们的生活负责。如果家长诚实地、理智地从事这项事业，如

---

[1] 马卡连柯著，诸惠芳译.儿童教育讲座[M].石家庄：河北人民出版社，1997.23.

果在家长的面前有着有意义的、美好的目的,如果家长自己能经常全面地、充分地认识自己的行动和行为,这就表明他们具有了家长的威信,不必再去寻找任何其他的根据,尤其不必去臆想出任何人为的根据。[1]

关于树立威信的方法,马卡连柯也做了较为细致的说明:

以了解获得威信。家长树立威信的一个途径就是关心孩子,关心和了解他们的生活。首先家长应该试图去了解自己的孩子的生活乐趣和喜好,他对什么感兴趣,喜欢什么,不喜欢什么,想要什么,不想要什么。家长还应该努力了解他周围的人和事,了解他的朋友是谁,与谁一起玩和玩些什么,读什么书,对读过的东西理解得如何。当他上学后,家长就应该关心他的校园生活,他怎样对待学校和老师,他有什么困难,他在班级中的表现如何。所有这一切都是家长从孩子幼年起就始终应该知道的。

家长必须积极地关注儿童的生活,但并不意味着可以无限制地介入孩子的世界。对此,马卡连柯警告家长,知道孩子的兴趣、喜好和周围的人和事并不意味着家长可以不断地用"令人讨厌的盘问、庸俗的和纠缠不休的间谍一样的行为"让自己的孩子不愉快。一个有威信和教育技巧的家长应该具备这样一种能力:"让孩子自己告诉您他们的事情,让他们希望与您交谈,对您的学识感兴趣。有时候您应该邀请孩子的同伴到家里来,甚至可以拿点什么东西招待他们,有时候您应该亲自去拜访您孩子同伴的家庭,只要有可能您应该熟悉这个家庭。"[2]

以帮助获得威信。

这种帮助常常可以是直接的忠告,有时候也可以以开玩笑的形式,有时候以吩咐的形式,有时候甚至可以以命令的形式出现……家长的帮助不应该是缠磨人

---

[1]　马卡连柯著,诸惠芳译.儿童教育讲座[M].石家庄:河北人民出版社,1997.25.

[2]　马卡连柯著,诸惠芳译.儿童教育讲座[M].石家庄:河北人民出版社,1997.26—27.

的、令人讨厌的、令人疲劳的。在有些场合下完全有必要让孩子自己去摆脱困境，必须让他养成克服障碍和解决更复杂的问题的习惯。但是必须始终注意孩子是怎样完成这些工作的，不可能让孩子不知所措，从而悲观失望。有时候必须让孩子发现您的关心、注意和对他的力量的信任。[1]

以责任心获得威信。对孩子进行帮助，提出要求，这些都要建立在责任心基础之上。只有在儿童的心理上建立了以责任心获得的威信，对儿童提出的要求才可以奏效。

总之，家长作为公民所从事的活动，家长的公民感，家长对孩子生活的了解，家长对孩子的帮助以及家长在教育孩子过程中体现出来的责任心，这些是真正的威信的基础。

二、游 戏

马卡连柯高度重视游戏在儿童生活中的重要作用和在儿童发展中的意义，"儿童在游戏中是怎样的，当他长大后在工作中在很大程度上也将是这样的"[2]。所以，马卡连柯认为，对未来活动家的教育首先是在游戏中进行的。在儿童成长的不同阶段，游戏的内容和重要程度也不尽相同。儿童在幼年时主要是做游戏，停留于自我服务的范围内，比如开始自己用餐、盖好自己的小被子、学着穿衣等，可以说游戏初期的儿童完全是为了自我服务。后来，随着生活经验和年龄的增长，有教育经验的家庭会交给孩子越来越复杂的工作，随后会交给他一些具有为全家服务性质的工作，比如打扫卫生、整理房间等。进入学龄期之后，游戏便与较为严肃的责任心相联系，这种工作已经接近社会活动，对儿

---

[1] 马卡连柯著，诸惠芳译.儿童教育讲座[M].石家庄：河北人民出版社，1997.27.

[2] 马卡连柯著，诸惠芳译.儿童教育讲座[M].石家庄：河北人民出版社，1997.28.

童游戏的指导也变得非常重要。

（一）游戏与工作存在内在联系

马卡连柯一针见血地指出，很多成人之所以在工作和生活中存在诸多不好的品质，往往来源于幼年时没有得到正确组织的游戏指导。所以在一定程度上而言，"好的游戏就像好的工作，而坏的游戏就像坏的工作。"[1]

1. 在每个好的游戏中首先要努力工作，都要努力动脑

如果您给孩子买了一只带发条的玩具老鼠，整天都上紧了老鼠的发条让它走，而孩子将整天看着这只老鼠并且非常高兴。这个游戏没有任何好处。在这个游戏中孩子是消极的，他的全部参与就是观看。如果您的孩子只是做这样一些游戏，他将成长为一个消极的人，习惯于观看别人的工作，缺乏主动性，也不习惯在工作中创新，不习惯克服困难。不出力的游戏，没有积极活动的游戏，永远是坏的游戏。[2]

2. 游戏给儿童带来快乐，好的工作也带来快乐

这种快乐或者是创造的快乐，或者是胜利的快乐，或者是审美的快乐。而这些都是有价值的快乐，会对人的成长产生奖励，带来收获。而好的工作对人的发展的促进作用，对人的整体面貌和生活状态的形塑都是非常积极的。在这点上，游戏和工作是相通的。

3. 游戏和工作中都负有责任

我们常常认为游戏就是玩耍，是轻松随意的，在游戏中没有责任可言。马卡连柯指出，存在于我们头脑中的认识是错误的，得到正确组织的游戏和好的工作一样，在进行过程中都存在着同样重大的责任，因为好的游戏和好的工作

---

[1]　马卡连柯著，诸惠芳译.儿童教育讲座[M].石家庄：河北人民出版社，1997.30.

[2]　马卡连柯著，诸惠芳译.儿童教育讲座[M].石家庄：河北人民出版社，1997.30.

一样，都有着明确的目标，对参与者的行为方式、合作意识等都有着具体而明确要求。

以上都是游戏和工作的共同之处，当然二者也存在着区别。那就是，工作的目的是参与物质、文化生产，直接创造社会价值。游戏则不直接追求这种创造社会价值的目的。但这并不表明游戏和儿童今后的工作没有联系：游戏使儿童从身体和心理上都养成努力、合作、负责、坚韧的习惯，这种品质和习惯则是今后工作必须的素质。

（二）如何指导儿童的游戏

马卡连柯指出，家长在指导儿童游戏的过程中常会存在错误的观念和行为。比如，有些家长认为儿童知道自己如何玩游戏，这是他生下来就具有的本能，不需要成人的指导和参与。于是，在这样的家长面前，孩子想怎么玩就怎么玩，想什么时候玩就什么时候玩，游戏成为随心所欲的活动过程，缺乏必要的指导和帮助。和这种错误倾向相反的是，有些家长过于关心孩子的游戏，总是试图干预孩子的游戏，不断地发布指示，不断地为孩子演示和讲解，布置游戏的任务，安排游戏的进程。在这样的家长面前，孩子的任务和想法都被家长扼杀了，他们除了听话、模仿和重复大人的动作之外，什么都不能做，很难养成克服困难、独立思考的习惯。而且会养成这样的一种看法，那就是只有大人才有能力把一切事情做好。久而久之会对自己的能力充满不信任，养成依赖的心理和畏首畏尾的习惯。

对儿童游戏的指导要遵循两个原则："第一，家长应注意不让游戏变成儿童的唯一追求，不能让游戏引诱儿童完全抛弃社会目的。第二，要在游戏中培养从事工作所必需的那些心理的和身体的习惯。"[1]

──────────
[1] 马卡连柯著，诸惠芳译.儿童教育讲座[M].石家庄：河北人民出版社，1997.31.

（三）游戏三阶段理论

儿童的游戏要经过几个发展阶段，在每个阶段都需要特殊的指导方法。第一阶段——这是室内游戏阶段，是玩玩具的阶段。第一个阶段的特点是儿童喜欢一个人玩，很少让一两个伙伴参加进自己的游戏。这个年龄的儿童喜欢玩自己的玩具，不喜欢玩别人的玩具。这一阶段恰好是儿童个人能力发展的阶段。不必担心孩子一个人玩会成长为利己主义者，必须为他提供一个人玩的机会，但必须注意不可将这一阶段拖得太长，这一阶段应及时地转入第二阶段。在第一阶段儿童不能在群体中玩，他常常与小伙伴们吵架，不善于与他们一起找到共同的兴趣。必须给他进行个人游戏的自由，不必强制他与小伙伴们在一起，因为这样的强制只能破坏游戏的情绪，养成急躁和爱吵架的习惯。

儿童开始从喜欢一个人玩转到对伙伴，对群体游戏感兴趣的年龄，有的早一些，有的晚一些。应该最有益地帮助儿童完成这一相当困难的过渡。必须在最良好的环境下扩大同伴的圈子。通常这一过渡是以提高儿童对户外的活动性游戏和院子里的游戏的兴趣的形式进行的。我们认为，在院子里的儿童群体中有一个年龄较大的、有威信的孩子，由他充当年龄较小的孩子的组织者，这种情况是最有益的。

对儿童游戏的第二阶段的指导较困难，因为在这一阶段儿童已不在家长身边游戏了，他们走到更广阔的社会活动场所。第二阶段持续到11-12岁，包括一部分学龄时期。

学校里有更多的伙伴，有更广泛的兴趣范围，有更困难的活动场所，尤其对游戏活动而言。然而学校又有现成的、更严密的组织，有一定的、更严格的制度，最主要的是，有熟练教师的帮助。在第二阶段中儿童是作为社会的一员，但这还是儿童的社会，既没有严格的纪律，也没有社会的监督。学校有这两个方面的特点，学校也是向游戏的第三阶段过渡的形式。

在第三阶段上儿童已成为集体的成员，而且这个集体不仅是游戏的集体，还是工作的集体，学习的集体。因此在这个年龄阶段的游戏也带有较严格的集体形式，并逐渐成为竞技运动的游戏，即与一定的体育目的和规则相联系的游戏，而最主要的是，这种游戏与集体利益和集体纪律的概念相联系。[1]

游戏并不是随意的，而是经过精心组织，有明确目的的活动。在游戏的每个阶段，内容、玩具的类型和指导方法也是不同的。

1. 游戏的第一阶段

在第一阶段的物质中心是玩具。玩具通常具有以下几种类型：

第一种是机械的或简易的成品玩具。类似于各种各样的汽车、轮船、马、娃娃、老鼠和不倒翁，等等。这类成品玩具的优点是，它能使儿童了解复杂的思想和事物，激发丰富的想象力。比如，火车头能让儿童联想到其他的交通工具，马能够使他对生活中的其他动物有所认识，使他关心动物的饲养和信息。

第二种类型是需要儿童进行一定加工的半成品玩具。比如各种各样的带有问题的画片、可以裁切的画片、积木、设计箱、可拆卸的模型。这类玩具的优点是可以向儿童提出某种任务，而且这种任务往往需要儿童做出一定努力才可以完成。在任务解决的过程中需要思维训练，需要逻辑推理。

第三种类型是各种玩具材料。比如黏土、沙子、硬纸板、云母、树枝、纸张、植物、铁丝、铁钉。马卡连柯指出，这类玩具虽然最便宜，但是最有效。因为此类玩具最接近人类的正常活动，所以在玩具材料中有很多很多贴近现实的东西，也为儿童提供了较为广阔的想象空间。

马卡连柯特别指出，在儿童第一阶段的游戏中主要达到以下目的：

①让孩子真正地游戏，进行想象，制作东西，把各种东西组合起来。

②不要让孩子第一项任务还没完成就从一项任务转到另一项任务，要让孩子

---

[1] 删改自：马卡连柯著，诸惠芳译.儿童教育讲座[M].石家庄：河北人民出版社，1997.32—33.

把自己的工作做完。

③要让孩子在每个玩具中发现一定的、对将来有用的价值,保存好玩具,爱惜玩具。在玩具王国中应该始终是有秩序的,应该保持整洁。不应破坏玩具,玩具坏了应该进行修理;如果他自己修理有困难,那么家长可以帮助他。[1]

2. 游戏的第二个阶段

在第二个阶段首先要求家长关心孩子。您的孩子到院子里去了,与一群男孩在一起。您应该认真研究一下这都是些什么样的男孩。您的女孩非常想与院子里的女伴们一起玩,您应该很好地了解这些女孩。您应该了解您的孩子周围的那些孩子们爱好什么,缺乏什么,在他们的游戏中有什么不好的。因为父亲或母亲的关心和主动性,能帮助当地或另一个地方的整个一群孩子的生活变得更好,这样的情况是屡见不鲜的。您发现孩子们冬天从一堆东西上,从结了冰的垃圾堆上往下滑。您就去与其他家长商量,如果不商量的话,您就自己一个人帮助孩子们堆一座小山。您给自己的儿子做一副简单的木雪橇,您就会发现在其他孩子那里也将会出现某种类似的东西。在游戏的这一阶段家长之间的交往是十分重要和有益的,但遗憾的是家长之间的这种交往太少了。往往每个家长都不满意孩子们在院子里的生活,但没与其他家长交谈,他们没有在一起想出某种办法来改善这种生活,其实这根本不是一件困难的事,每个人都有能力做到。在这一阶段儿童已组织进某种近似集体的集体中;如果他们的家长也能这样地组织起来去指导他们,那将是非常有益的。

在这一阶段上孩子们常常争吵、打架、互相抱怨。如果家长立即站到自己的儿子或女儿的一边,并且自己也卷入与肇事者的父亲或母亲的争吵中,这样的行为是错误的。如果您的孩子哭着跑来了,如果他被欺负了,如果他很伤心并且火气很大,您不要急于发火,也不要冲过去向肇事者及其家长兴师问罪。首先应该心平气

---

[1]　马卡连柯著,诸惠芳译.儿童教育讲座[M].石家庄:河北人民出版社,1997.36.

和地询问您自己的儿子或女儿，尽可能搞清事实的真相。只是一方有错的情况是很少有的。可能您的孩子在某一点上过于激动；您要给孩子解释清楚，在游戏中没有必要总是寸步不让，应尽可能寻找和平的办法解决冲突。无论如何要让您的孩子与对手和好，您可以邀请这位对手到家里来做客并与他谈谈，认识一下他的父亲，把事情彻底搞清楚。在这件事情上最主要的是您不可以只看见自己的孩子，而应该看到全体孩子，与其他家长一起教育这个孩子的群体。只有在这样的情况下您才能给您的孩子带来最大的利益。他将发现，您不只是爱自己的家人，发现您在完成社会工作，并把这作为自己行为的榜样。没有什么东西比父亲或母亲对邻居家庭的狂热的攻击态度更有害的了；这样的攻击恰恰将培养儿童性格中的恶毒性、猜疑性，培养野蛮的、盲目的家庭利己主义者。[1]

3. 游戏的第三阶段

在第三阶段上指导游戏的已不是家长，指导的责任已转到学校组织或运动队组织，但家长仍有充分的条件去正确影响儿童的性格。第一，必须特别关注使儿童对体育运动的爱好不发展成排斥其他一切的狂热，必须向孩子指明活动的其他方面。第二，必须激发男孩或女孩的自豪感，不仅为自己取得的成绩自豪，主要的是要为运动队或组织取得的成绩自豪。还必须抑制一切的浮夸和骄傲，培养对对方力量的尊重，注意运动队里的组织性、训练和纪律。最后，必须使孩子对成功和失败都能处之泰然。[2]

在总结了游戏的三个阶段在游戏内容、指导方法上的不同之后，马卡连柯进一步总结了对游戏的三个不同阶段的共同要求，那就是无论儿童成长的哪个阶段，游戏都不应该是对儿童兴趣和感官的简单满足，而应当在其中培养儿童更有价值的追求，培养他们克服困难的勇气，通过游戏开发他们的想象力，颐

---

[1] 马卡连柯著,诸惠芳译.儿童教育讲座[M].石家庄:河北人民出版社,1997.37—38.
[2] 马卡连柯著,诸惠芳译.儿童教育讲座[M].石家庄:河北人民出版社,1997.38.

养优秀品格,开阔思路和视野。而在这一过程中,家长的关注和指导对儿童正确地进行游戏起着至关重要的作用。

三、文化修养的培养

有些家庭非常注意孩子的饮食、衣服、游戏,认为接触文化是学校里的事情,而孩子在上学之前就应该好好地玩,养精蓄锐。马卡连柯指出,事实上家庭不仅应该尽早地开始文化教育,而且拥有进行这项工作的很多有利条件,家庭应该尽可能好地利用这些条件。

儿童文化修养的提升需要家长的熏陶。如果家长自己不读报、不读书,不去剧院或电影院,对展览会、博物馆不感兴趣,在这样的家庭里也很难教育出有文化修养的孩子。在这样的家庭里,不管家长如何努力,他们的努力中总包含着某种矫揉造作的成分,孩子马上就会察觉到这种气氛。

相反,在有的家庭中,家长自己有着积极的文化生活,书报构成家庭日常生活的必需品,戏剧和电影中的问题使他们激动,在这样的家庭中,即使家长似乎没有考虑到文化教育,文化教育依然具有自己的地位。由此当然不应该得出这样的结论,认为文化习惯的培养可以放任自流,认为放任自流是最好的工作方式。在这件事情上,与在任何其他事情中一样,放任自流都是很有害的,会降低教育质量,遗留下许多模糊不清和错误。

如果自觉地、有计划地组织文化教育并有正确的方法和监督,在这种情况下进行的文化教育才是有益的。在孩子还很小时,早在孩子识字前,在孩子刚刚学会看、听和说、写什么的时候就应该开始对他进行文化教育。

叙述得很好的故事——这是文化教育的开端。如果每个家庭的书架上都有童话故事集,那是非常好的。

选择故事是很重要的。首先要筛选掉那些讲妖魔鬼怪、女巫、林妖、水怪、人鱼的故事。只有当孩子年龄大一点时，当他们能够抵制古代愚昧的杜撰时才可以对他们讲这样的故事。这种抵制能力使孩子们能够从故事中，只看到隐藏在对人类怀着某种仇视和凶狠的各种恶魔后面的艺术虚构。在幼年时孩子有可能把妖魔鬼怪的代表形象当作现实的形象来接受，有可能把孩子的想象力引向阴暗恐怖的神秘主义。

对年幼的孩子来说，有关动物的故事是最好的故事。在俄罗斯的童话宝库中这样故事很多，也很好。随着孩子的成长可以过渡到讲一些关于人与人之间的关系的故事。

在儿童学习读写时，家庭在培养孩子的文化修养方面的工作的转折期就来临了。通常这个转折是在儿童集体的环境中，在学校中实现的。这一时期在儿童的生活中具有重大的意义。孩子进入了书本和印刷文字的领域，他有时很不情愿地进入这一领域，很难克服字母和阅读过程本身给他带来的技术上的困难。当孩子刚开始学识字时不要强迫他们，但是也不应鼓励在与困难做斗争中出现的懒惰。

儿童读物应该是最浅近易懂的，用大号字印刷，有许多插图。甚至当孩子还不能阅读它们的时候，不管怎样，它们仍能激发孩子阅读的兴趣和克服识字困难的愿望。

在学习识字时开始童年的第二阶段，这是致力于学习和获得知识的阶段。在这时学校在儿童的生活中占有突出的地位，但这决不意味着家长可以忘记自己的职责和只依赖学校。恰恰是家长的文化工作和家庭中的普遍的文化氛围，对儿童在学校的工作，对他的学习质量和学习热情，对于教师、同学和整个学校组织建立正确的关系具有重大的意义。正是在这时，报纸、书籍、剧院、电影院、博物馆、展览会和其他文化教育形式才获得了巨大意义。下面我们逐一进行分析。

报纸。当孩子还不识字时，当他只能听懂别人朗读的东西时，报纸就已应该在他的印象中占有牢固的地位。家庭应该订一份报纸。读报时不要远离孩子，家长不应每天只为自己翻阅报纸。要在孩子在场的情况下在每张报纸中找到可以朗读的、可以议论的东西，即使这些东西不是专为孩子写的。如果您在谈论读过的东西时的神态好像没有专门考虑孩子似的，那就更好。他反正什么都听到了，您越不做作，孩子的注意力就越集中。

此后随着儿童的发展，特别是从他已学会自己阅读时起，报纸应具有越来越重要的意义。但是必须对读过的东西进行家庭讨论，至少要谈谈它们。任何时候都不可使这样的讨论形式化，给他规定一定的时间，更不必为此花费很多时间。在交谈时，家长不可使用特别的教训语气。

对读过的东西进行的讨论应具有自由谈话的性质，如果这样的谈话似乎是由某件家务事，甚至是由某个人说的某句话而无意引起的，那就更好。如果没有找到这样好的机会，那也可以直接问今天报上有什么有趣的事。

书籍。对书的熟悉也应从朗读开始。以后不管孩子的识字程度有多高，朗读仍然是家庭中使用得最广泛的措施之一。最好是要使这样的朗读成为家庭日常生活中大家都喜欢的、习惯的、经常做的事。如果最初由家长当朗读者，那么随后这项工作就应该转交给孩子们。但是无论在最初还是在以后，如果这样的朗读不是专门为孩子听众进行的，而是在家庭的圈子中，是为了引起集体的反响和交换意见，那都是很有益的。只有借助于这样的集体朗读，才能引导孩子的阅读趣味，并使他养成批判地对待所阅读的东西的习惯。

不能依赖于朗读，必须逐渐让孩子养成愿意自己去读书的习惯。孩子的独立阅读主要由学校负责指导，尤其在孩子年龄稍大时，但是家长如能关心这样的阅读也能够带来许多好处。家长的关心应表现在以下几个方面。

（1）家长应该监督书籍的选择，因为即使在现在也会出现这样的情况，即家长不知道孩子手中的书是从哪里来的。

（2）家长应该知道孩子是怎样读书的，尤其要防止孩子不假思索地一目十行地翻书，不由自主地只追逐书籍的表面趣味，追逐所谓的情节。

（3）最后，必须让孩子养成爱惜书本的习惯。

电影。在我们的时代，电影不仅对儿童，而且对成人都是最有力的教育因素。我们的影片绝大部分是优秀的、具有很高艺术水平的教育手段。然而，这绝不是意味着可以在数量上不加限制，并在毫无监督的情况下让孩子去看电影。

我们建议孩子每月看电影不超过两次。14-15岁之前最好与家长或哥哥、姐姐一起去看电影。必须这样做不仅是为了监督孩子的行为，还为了达到与我们在建议与孩子一起阅读时提出的同样的目的。

每部影片都应该成为家里讨论和谈话的主题，即使只有几分钟也好，家长应让孩子谈谈自己对影片的意见，说说他喜欢什么，不喜欢什么，什么给他留下了强烈的印象。如果这时家长发现吸引孩子的仅仅是外部事件、有趣的情节、某个英雄的冒险历史，就应该用一两个问题把孩子引导到影片的更深刻的、更重要的方面。有时甚至不用向孩子提出任何问题，而只需要在他在场的情况下家长做出选择。几乎总是能碰到这样的人，他看过了一部电影后总能对它说出些什么来。有些影片必须回避是因为它们的主题很难懂，孩子搞不清楚，另一些影片的主题可能会引起不好的反应，还有些影片以爱情和医学为主题，这样的主题对孩子来说是太早了。在选择影片的时候自然应该考虑孩子的状况、他在学校的工作、他的行为。在极个别的情况下，如果孩子表现不好或经常不完成学校的作业，可以推迟看电影的时间。而常常是恰恰观看了一部的影片，帮助孩子恢复了对学校和工作的正确态度。

戏剧。选择剧目的问题并不困难，因为在我们的许多城市里有专门的儿童剧院和专门的儿童剧目。到这些剧院去观看演出是非常好的现象。在剧院里观看戏剧要求儿童的注意力更认真、更持久和更紧张，在这一点上戏剧比电影要复杂得多。

戏剧是一幕一幕上演并有间歇（幕间休息），能使观众更注意剧情的细节，并进行更积极的分析。

去剧院看戏回来比看电影后，更应在家中进行讨论，交换意见。

博物馆和展览会。在有些城市有很多博物馆，但家长很少利用它们。然而博物馆、展览会、陈列馆是很重要的教育手段。这些场所要求儿童专心致志，娱乐的因素在那里是微不足道的。它们组织儿童的智力活动并激发丰富的、深刻的情感。需要做的只是要努力不使参观博物馆变成"走马观花"。

其他形式的文化教育。如果家长充分利用了报纸、书籍、电影、戏剧和博物馆，那么他们就能在知识领域和性格培养方面给予自己的孩子很多东西。

但是家长仍然能够增加很多东西。家庭中的文化教育形式比初看起来所觉得的要多得多。拿冬季或夏季的一个普通的休息日来说吧。去城外散散步，了解大自然、城市、乡村、各种各样的人，熟悉诸如城市改建、住宅建设、道路建设和厂房建设这样的重大题材——所有这些都是度过休息日的好题材。当然没有必要为这些题材组织专门的讲座或报告。散步就是散步，它首先是休息，不必强迫孩子并迫使他聆听您的教诲。但是，在这样的散步过程中，孩子会不由自主地注意到他所看到的东西，您的几句加深这种印象的话语，甚至是玩笑话，与过去说过的故事相似的某个故事，甚至是个可笑的故事，都会在不知不觉中起着大作用。

家庭应采取一切措施去鼓励儿童对体育运动的兴趣。但注意不要让这种兴趣变成旁观的捧场者的兴趣。如果您的儿子热衷于所有的足球比赛，知道所有的创纪录者的姓名和他们的编号，然而自己不参加任何一个体育运动小组，不滑冰，不滑雪，不知道什么是排球——对体育运动的这样的兴趣的好处是微乎其微的，而常常差不多是有害的。如果您的孩子自己不下象棋，然而对象棋却很感兴趣，这样的兴趣同样是没有什么意义的。每个家庭都应努力使自己的孩子成为运动员，不仅对运动有兴趣，而且有亲身的运动经验。如果家长自己也参加体育运动，当然这就更好了。

家庭中除了要散步和体育运动外,还可以有以下这样的文化教育形式:组织家庭戏剧表演,出版墙报,记日记,组织与朋友的通信,让孩子参加政治活动,让孩子参与改善住房的设施,把院子里的孩子们组织起来,组织孩子的聚会、游戏、散步,等等。

在所有的各种家庭文化教育中,从内容到形式都应有所区别。在每种工作中都必须使儿童发挥最大的积极性,不仅必须培养他看和听的能力,并且要使孩子有力争胜利的愿望和希望,培养克服困难、帮助同学和年幼孩子的能力。同时这种积极的方法的特点应该是关心同伴,没有任何的傲慢、自大。[1]

---

[1]　马卡连柯著,诸惠芳译.儿童教育讲座[M].石家庄:河北人民出版社,1997.79—88.

第三章　马卡连柯论集体教育

　　集体主义教育是马卡连柯教育思想体系的重要方面。马卡连柯指出：教育任务是培养集体主义者，只有在集体中、通过集体和为了集体进行教育，才能完成培养集体主义者的任务。教育者通过组织健全、合理的教育集体来教育学生，是培养社会主义新人的主要方法。为了达到良好的集体教育效果，教育者不可将学生看作受训练的材料，应当视他们为社会的成员、社会活动的参加者和社会财富的创造者。

　　马卡连柯在对多年的集体教育进行经验总结的基础上认为，前景教育在人的教育和儿童集体的形成与发展中具有重要作用。应不断向集体展示一个又一个前景，提出新任务，引导集体为实现新任务而努力，鼓舞集体在追求美好前景中不断前进。强调教育者对集体及集体中每个成员的教育和影响应是同时的、平行的，集体首先应成为教育工作的对象。马卡连柯高度重视劳动教育在养成集体主义精神方面的作用，他认为劳动是教育的根本因素之一，应成为集体生活的重要组成部分，并提出了劳动与教育并行的原则。

　　集体教育的问题在今天显得尤为必要，几乎成为一个全球性教育问题。现代西方社会被认为进入了"我时代"，个人主义和利己主义逐渐成为社会中较为明显的思想倾向。在这两种思想的冲击下，人们在很多时候失去了共同的目标，丧失了了解他人的动机，公共空间正在逐渐丧失。出于对人的单子式存在状况的忧虑，西方学者呼唤着人与人之间的相互协作，呼唤着"共同体"的出现。在我国亦是如此，集体教育是建国以来德育工作中的难题，尤其在当下的时代,当"张扬个性"、"彰显独立性"、"彰显自我"、"追求自由"成为一种时髦的口号时,集体教育又在面临新一轮的时代冲击。在张扬个性的同时,我们如何使学生眷顾集体利益? 当追求自由的同时,我们如何不损害他人的自由? 这都是当今的教育工作者无法回避的问题。想必马卡连柯的集体教育经验能够为我们今天的教育带来一定的启示。

一、什么是集体

马卡连柯认为,"集体并不等于一群人,而是一个有目的地组织起来进行活动的机构,是一个有活动能力的机构。"[1]

我们不可随便拿一群个别的人作为集体。集体是活生生的社会有机体,它所以是一个有机体,就因为它那里有机构、有权能、有责任、有各部分之间的相互关系和相互依赖,如果这样的因素一点也没有的话,也就没有集体了,所有的只是随随便便的一个人群罢了。

原来,教师集体和儿童集体并不是两个集体,而是一个集体,而且是一个教育集体。同时,我认为我们不应该教育个别的人,而要教育整个集体,这是正确的教育的唯一途径。我自己从17岁起就当教师。我曾长时间地想过:最好先把一个学生管理好、教育好,然后再教育第二个、第三个、第十个,当所有的学生都教育好了的时候,那就会有一个良好的集体了。可是,后来我得到一个结论:有时不应当和个别学生谈话,而要向大家公开讲话,要采取这样的方式——使每个学生都不得不参加共同的活动。这样一来,我们就教育了集体,团结了集体,加强了集体,以后,集体自身就能成为很大的教育力量了。这一点,我是深信不疑的。使我相信这一点的,并不是在高尔基工学团(我在高尔基工学团的时候,许多方面都是一个独裁者),

────────────
[1] 马卡连柯著,刘长松译.马卡连柯全集(第五卷)[C].北京:人民教育出版社,1956.254.

而是在捷尔任斯基公社,在捷尔任斯基公社里,我已经获得了这样的成就——集体本身变成了非常有创造性的、严格的、确实的和有教养的力量。这样的成就,并不是能够用命令做到的。这样的集体,不可能在两三年内就建立起来,是要经过好多年才能够建立起来的。这是可贵的、非常可贵的东西。[1]

马卡连柯认为最理想的基层集体,就是这样的集体:它既能使每一个成员感觉到自己身处的是一个统一、团结和坚强的组织,同时也能感觉到这并不是朋友们来聊天的一种集合,而是一种社会制度,每个人都是它的细胞,对集体负有某种义务、某种职权和某种责任。

二、集体与个人的关系

人不能脱离群体而孤立存在。这是万事万物普遍存在的规律。以学校为例,班级构成了学生学习的最基本单位,刚开始新生组成的班级在很大程度上还不能称之为"集体",而是一个群体,学生和教师之间、学生之间都还没有形成相对稳固的情感关系和工作关系。久而久之,班级的同学通过每天都在进行的日常接触,当大家具有共同的奋斗目标和共同的思维方式时,集体就产生了。班级这个集体里有班干部、有群众;有行政核心,有精神领袖,每个人都是构成集体的不可或缺的细胞,每个人都对集体承担着责任,他们对集体的维系都产生着同样重要的作用。

与此同时,集体也无时无刻地不在对身在其中的每个成员产生着潜移默化的影响。一个有凝聚力的集体是个人成长的重要促进力量,可以使身在集体中的每一个人都接受到来自同辈群体的正向影响。如果班级是涣散的,则需要增加许多多余的管理成本,教育效果也会大打折扣。所以,现代社会中几乎所有

---

[1] 马卡连柯著, 刘长松译.马卡连柯全集(第五卷)[C].北京:人民教育出版社,1956.226—228.

的班主任都非常关注班集体的建立，原因就在于此。

马卡连柯在对流浪儿童进行教育时，首先遭遇到的也是集体教育的问题。当这些有着不同背景、有着复杂的人生经历的儿童带着桀骜不驯的目光来到教养院，集体教育的任务就正式展开了。

二月里，我的抽屉里丢了一大包钱——差不多等于我六个月的工资。

那时候，办公室、教员室、会计处、出纳科统统都设在我的房间里，因为我一个人兼了一切的职务。抽屉锁得好好的，没有一点被撬的痕迹，可是一包新钞票却不见了。

晚上我把这件事讲给孩子们听，请他们把钱归还。我无法证明钱是被偷去的，因此上级可以随便给我加上一个盗用公款的罪名。孩子们面色阴沉地听完我的话之后，都散了。散会后我回自己的耳房去的时候，在黑暗的院子里有两个人朝我走过来：那是塔拉涅茨和古德。古德是一个矮小矫捷的少年。

"我们知道钱是什么人拿的，"塔拉涅茨低声说，"不过当着大家不能说，因为我们不知道钱藏在什么地方。要是我们一说，他就会带了钱逃走。"

"是什么人拿的？"

"是这里的一个人……"

古德皱着眉头瞅着塔拉涅茨，看来他并不完全赞同塔拉涅茨的政策。他咕噜着说：

"应该好好地收拾他一下……我们在这里光说有什么用？"

"谁去收拾他？"塔拉涅茨扭过脸去对他说。"你去收拾？看他不把你揍个半死……"

"你们只要告诉我钱是谁拿的，我去跟他谈。"我提议说。

"不，这样不行。"

塔拉涅茨坚持要秘密活动。我耸耸肩，说：

"好吧，随便你们。"

我睡觉去了。

第二天早上，古德在马房里找到了钱。是有人从马房的狭小的窗口扔进来的，钱散得满地都是。古德高兴得发抖，跑来找我，两手捧着胡乱团在一起的钞票。

古德高兴得满处乱蹦乱跳，孩子们也都一个个面露笑容，跑到我房间里来看我。只有塔拉涅茨一个人傲然地昂起了头。我也没有去盘问他和古德，在我们那次谈话之后他们做了些什么活动。

过了两天，有人扭断了地窖门上的锁，拿走了我们仅有的几磅脂油，还拿走了一把锁。又过了一天，贮藏室的窗被人拆掉，丢失了预备在二月革命纪念日吃的糖果，还丢了我们看得像金钱一样重要的几听车轮润滑油。

塔拉涅茨比任何人都知道得多，但是他不肯爽爽快快地说出来，他不知道为什么觉得犯不上来揭穿这件事。学童们纷纷发表了许多意见，但是他们心里只觉得这是一件很好玩的事。他们怎么也不愿意认为，被偷的是他们自己的东西。

我在寝室里愤怒地叫嚷着：

"你们是什么东西？你们是人还是……"

"我们是小贼，"远远的一只行军床上有人说，"是强盗！"

"胡说！你们哪里是什么强盗？你们是最没有人性的贼，连自己家里的东西也偷。现在你们没有脂油了，谁也不来管你们！过节也没有糖吃。再也没有人给我们了。饿死你们活该！"

"可是叫我们有什么法子呢，安东·谢苗诺维奇？我们又不知道是谁拿的。您不知道，我们也不知道。"

不过一开始我就明白，跟他们说也是白说。偷东西的是一个年纪比较大的孩子，大家都怕他。

第二天，为了重领一份脂油，我带了两个孩子出去奔走。我们奔走了好几天，不过脂油总算弄到了。我们还领到一份糖果，虽然我们挨了半天的骂，怪我们不会保藏东西。每天晚上我们总详详细细地向大家讲述我们的历险记。最后，我们总算弄到了脂油，带回来安放在地窖里，可是当天夜里又被偷走了。

这件事甚至使我很高兴，我预料现在集体的共同利益要出来说话了，它会驱使大家比较热心地去研究失窃的问题。果然，孩子们都发起愁来，可是却毫不热心。等第一个印象过去之后，大家又被好奇的心理支配了：是谁能干得这样巧妙？

又过几天，马房里丢了一副马轭，因此我们干脆连城里也去不成了。只好到村子里去向人家先借一副来用几天。

从此，失窃的事竟是天天发生，每天早上总是发现，不是这里就是那里缺了东西：斧头、锯子、餐具、被单、鞍带、缰绳、食物。

我试试夜里不睡，带了手枪在院子里巡夜，但是，当然至多只能支持两三夜。我请奥西波夫守一夜，可是他听了我的话吓得要死，所以后来我也不再向他提起这件事。

我觉得孩子里面可疑的人很多，包括古德和塔拉涅茨在内。但是我一直抓不到一点证据，我只好把我的怀疑暗暗藏在自己心里。

有一天，札陀罗夫哈哈大笑着开玩笑地说：

"安东·谢苗诺维奇，您从前以为劳动教养院里就是一天到晚劳动，一点乐趣也没有吗？您等着瞧吧，好戏还在后头，您要是捉到了人，打算拿他怎么办？"

"送他去坐牢。"

"哦，那倒还好。我还以为您要打他呢。"

有一天夜里，他穿好衣服走到院子里。

"我陪您查一会。"

"小心不要把小偷们惹恼了。"

"不要紧，他们知道您今天夜里查夜，今天反正是不会去偷了，所以没有关系。"

"不过，札陀罗夫，凭良心说，你是怕他们的吧？"

"怕什么人？怕小偷吗？我当然怕。问题倒不在我怕不怕，安东·谢苗诺维奇，您同意吗，告密好像总不行吧？"

"不过被偷的是你们自己啊。"

"咦，为什么被偷的是我？这里没有一样东西是我的。"

"可是你们在这里生活。"

"这哪里算是生活，安东·谢苗诺维奇！这难道是生活吗？　您的这个教养院是搞不出什么名堂来的。您是在白费劲。您等着看吧，等东西都被偷光之后，大家就一散了事。您最好还是雇两个很好的守夜的，再给他们两支步枪。"

"不，守夜的我不雇，步枪也不给。"

"为什么呢？"札陀罗夫觉得很奇怪。

"雇守夜的要花钱，我们本来已经穷得要命，可是最主要的是你们应该拿出主人翁的态度来。"

许多学童都主张应该雇守夜的。在寝室里，关于这个问题进行了认真的讨论。

第二批学童里最优秀的代表安东·勃拉特谦柯提出了论证：

"有了守夜的，谁也不去偷了。如果再去偷，就可以当场给他一发盐粒[1]。腌他个把月，他就不会再去偷了。"

他的意见遭到柯斯嘉·韦特柯夫斯基的反对。柯斯嘉·韦特柯夫斯基是一个漂亮的孩子，当他"自由的时候"，他擅长捏造命令进行视察。在这种搜查中，他

---

[1]　旧俄时农民用盐粒放在枪里代替子弹打小偷，盐粒打进皮肤后嵌在肉里，使被打的人非常痛苦。

扮演次要的角色，主要角色由大人们扮演。柯斯嘉本人——这一点在他的材料里写着——从没有偷过东西，他所醉心的纯粹是这种行动的美学的一面。他对小偷一向抱着蔑视的态度。我早就注意到这个孩子的复杂的、难以捉摸的性格，最使我吃惊的是他跟最粗野的孩子都相处得很好，而且是政治问题方面公认的权威。这时柯斯嘉说：

"安东·谢苗诺维奇说得对。不能雇守夜的！现在我们还不懂，可是不久我们大家就会懂得，教养院里不准偷东西。连现在也已经有许多人懂得了。看吧，不久我们自己就要开始守夜了。对吗，布隆？"他突然对布隆说。

"那有什么，守夜就守夜吧，"布隆说。

二月里，我们的女管理员停止在教养院里服务，我终于设法把她调到一个医院里去。在一个星期天，"小孩"（教养院里的一匹老马）被牵到她宿舍的台阶前，她所有的朋友和哲学茶座的参加者都忙忙碌碌地把许多小口袋和提包放到雪橇上去。这位善良的老太太坐上雪橇，在她财产的顶上平静地摇晃着，仍旧以每小时两公里的速度迎着新生活走去。

"小孩"很晚才回来，但是那位老太太也跟着它一同回来了，她又哭又喊地冲进我的房间：她被抢光了。她的朋友和助手们并没有把箱子、提包和口袋全部搬上雪橇，而是搬到别处去了，——这样的抢劫实在太无耻了。我马上叫醒卡里纳·伊凡诺维奇、札陀罗夫和塔拉涅茨，我们便在整个教养院进行了全面搜查。抢来的东西非常多，所以还没有来得及把它们全部藏好。在灌木丛里、披屋的阁楼上、台阶底下，甚至就在床底下和树背后，找出了这个管理员的全部财宝。这位老太太实在也是太富有了：我们找出了差不多一打新桌布、许多被单和毛巾、钥匙、小瓶、手镯、耳环，还有许多形形色色的小东西。

老太太在我房间里哭，房间里渐渐挤满了被捕的人——都是她从前的朋友和同情者。

孩子们起初抵赖，可是被我叱责了一顿之后，情形就明朗化了。老太太的朋友们原来并不是主要的抢劫者。他们抢的只限于像食巾或是糖缸之类的纪念品。结果查出来，整个案件的主犯竟是布隆。这个发现使许多人大吃一惊，首先是我。布隆从第一天起就好像比别人都老成，他一向态度严肃、温文有礼，在学校里读书比任何人都肯下苦功，兴趣也最浓。他的富有胆略和沉着的行动把我吓得目瞪口呆：他所藏匿的老太太的财物足足有好几大包。毫无疑问，教养院里以前一切的失窃案都是他干的。

最后总算被我找到了罪恶的根源！我把布隆带到我们教养院历史上的第一个人民法庭面前。

在寝室里的床上和桌子上坐着几位衣服破烂、面色阴沉的法官。如豆的灯光照着学童们的激动的脸和布隆的惨白的脸。这时候布隆显得臃肿不灵，脖子很粗，样子好像是美利坚合众国的总统麦金莱。

我用愤慨激烈的口吻向孩子们陈述了他的罪状：他竟会去抢劫一个把这些可怜的财物当作全部幸福的老太太；他会毫不顾虑教养院里没有人像她这样爱护孩子们，而去抢劫她；他会在她请求帮助的时候抢劫她——这就是说，他的确连一点人性都没有，这不仅是一个恶棍，而是卑鄙到了极点。人应该尊重自己，应该坚强、高傲，而不应该去夺掉年迈无力的老太太们的最后的一点财物。

也许是我的话产生了强烈的印象，也许是，即使我不说学童们也已经愤怒到极点，他们一致猛烈地谴责布隆。小个子、鬈头发的勒拉特谦柯向布隆伸出双手说：

"怎么样？你还有什么好说的？就该把你送到监牢里，送到拘留所去！你害得我们挨饿，你还拿了安东·谢苗诺维奇的钱。"

布隆忽然提出了抗议：

"拿了安东·谢苗诺维奇的钱？哼，你拿出证据来呀！"

"我自然会拿出证据来。"

"拿出来呀!"

"怎么,你没有拿?不是你拿的?"

"怎么是我?"

"当然是你。"

"我拿了安东·谢苗诺维奇的钱!那么有谁证明?"

后面传来了塔拉涅茨的声音:

"我来证明。"

布隆不防有这一着,发慌了。他转过身去朝着塔拉涅茨,想说什么,可是后来把手一摆:

"好吧,就算是我拿的。我不是已经交出来了吗?"

孩子们听了这话,突然哄堂大笑。他们很喜欢这种有趣的对答。塔拉涅茨像英雄似地走到前面来。

"不过不必把他赶出去。谁也免不了犯过错。好好地打他一顿嘴巴子——这倒的确是应该的。

大家都安静下来。布隆用目光慢慢地扫过塔拉涅茨的麻脸。 "你要打我的嘴巴子还嫌早。你为什么要这么起劲?反正你又不是院长。要打嘴巴子安东会来打,关你什么事?"

韦特柯夫斯基从座位上跳了起来:

"怎么叫'关你什么事'?你们大家说说看,这到底是不是我们的事?"

"是我们的事!"孩子们嚷起来。"我们要亲手打你的嘴巴子,比安东更会打!"

有人已经向布隆冲过去。勃拉特谦柯在布隆面前挥动着拳头,怒吼道:

"就该狠狠地抽你一顿,抽你一顿!"

札陀罗夫凑着我的耳朵低声说：

"把他带出去吧，不然他要挨打了。"

我把勃拉特谦柯从布隆跟前拉开。札陀罗夫推开了两三个孩子。好容易才使大家停止叫嚷。

"叫布隆说话！叫他说！"勃拉特谦柯大声嚷道。布隆低下了头。

"没有什么好说的。你们都说得对。请你们让我跟安东·谢苗诺维奇出去，听凭他要怎样处罚就怎样处罚我。"

大家都寂静无声。我向门口走过去，生怕我那满腔狂暴的怒火就要烧到外边。学童们朝两旁后退，给我和布隆让路。

我们默默地穿过埋在雪堆里的黑黢黢的院子：我在前面，他跟在我后面。

我心里非常难受。我觉得，布隆是人类的败类里面最坏的败类。我不知道应该怎样处置他。他是因为跟一帮盗贼为伍被送到教养院来的。那伙盗贼里大部分的人——成年人——都被枪毙。他17岁。

布隆默默地站在门口。我坐在桌子后面，好容易才克制住自己没有拿起一样沉重的东西向布隆扔过去，免得谈话就这样结束。

最后，布隆抬起头来，对我的眼睛凝视了一下，勉强忍住呜咽，慢慢地、每一个字都用力地说：

"我……永远……不再……偷东西了。"

"撒谎！这种话你已经答应过童犯事务委员会了。"

"那是对童犯事务委员会，这是对您！您要怎样责罚就怎样责罚我，不过千万不要把我赶出教养院。"

"你觉得在教养院里有什么意思？"

"我喜欢这里。这里可以念书。我希望学习。我偷东西是因为我老是贪吃。"

"嗯，好吧。现在我要关你三天禁闭，只准吃面包和水。不准你碰一碰塔拉涅茨！"

"好。"

布隆在寝室旁边从前童犯教养院的教师们住的那个小房间里被关了三天，我没有把他锁起来，他发过誓不得到我的准许决不出来。第一天我当真只给他送去面包和水，第二天，我可怜他起来，给他送了菜去。他还想高傲地拒绝，但是我对他嚷道：

"还扭捏些什么！"

他笑了一笑，耸了耸肩膀，就拿起汤匙来吃了。[1]

马卡连柯重视集体教育。对工学团里接二连三发生的偷窃事件，他组织"人民法庭"，教育偷窃集团的首犯布隆，收到了卓著的教育效果。布隆很守信用：后来无论是在教养院或是在别的地方，他都没有偷过东西。经过马卡连柯的引导和教育，布隆不仅没偷过东西，而且成为高尔基人的重要代表，最后成长为一位对社会有贡献的医生。

类似的集体教育案例不胜枚举。在马卡连柯的教育生涯中，另一个集体教育的典型案例是对塔拉涅茨的集体主义感化。在管理高尔基工学团期间，办学条件异常艰苦。学员们经常吃不饱，学童们依靠私人经营的方法，通过自己想办法获得食物，能够使一小部分人的食欲得到满足。"私人经营的食品工业"的基本形式之一是捕鱼。冬天捕鱼非常困难。一个叫塔拉涅茨的十六岁学员，出身于一个惯贼的家庭。他是个麻子，生得四肢匀称，快活，伶俐，组织能力很强，而且富于进取心。但是他不懂得尊重集体的利益。有一天塔拉涅茨和另外几个学童自己也有了几张网，据说是"城里的一个熟人"送给他们的。靠了自己的这几张网，捕鱼工作很快地展开了。起初捕来的鱼只供一个小圈子里的人享用，但是冬天快完的时候，塔拉涅茨竟贸然决定要把马卡连柯也吸收到这个圈

---

[1] 马卡连柯著，许磊然译.教育诗（第一部）[M].北京：人民文学出版社，1957.35—44.

子里去。趁着这个机会,马卡连柯对他进行了集体主义教育,让他意识到只考虑自己不顾及集体是不对的。

有一天,塔拉涅茨端了一盆炸鱼送到马卡连柯的房间里来。

"这鱼是送给您吃的。"

"哦,是送给我的? 不过我不能收。"

"为什么? "

"因为这样做不对。应该把鱼分给全体同学吃。"

"这是为什么呢? "塔拉涅茨气得涨红了脸。"这是为什么呢? 网是我弄来的,鱼是我捉来的,我在河上弄得浑身是水,可是鱼倒要分给大家? "

"那末把你的鱼拿去吧:我什么也没有做,也没有弄得浑身是水。"

"这是我们送给您的……"

"不,我不能收,我不喜欢这一套。而且这样不对,,"

"有什么地方不对? "

"因为网不是你买来的。网是人家送的吧? "

"是送的。"

"是送给谁的? 是送给你的,还是送给整个教养院的? "

"为什么是送给'整个教养院'的? 是送给我的……"

"我还以为也是送给我,也是送给大家的呢。你炸鱼用的锅是谁的? 是你的吗? 是大家的,你跟女厨子要来的葵花子油是谁的? 是大家的。还有烧的柴,还有炉灶和木桶呢? 你看,你还有什么好说的? 只要我没收了你的渔网,事情就完了。最主要的是你这样不是对待同志的态度。你的网——那有什么了不起,你应该替大家着想。捕鱼是大家都会的。"

"好吧,"塔拉涅茨说,"就照您说的办。不过鱼还是请您收下吧。"

鱼马卡连柯收下了。从此,捕鱼工作就由大家轮流担任,产品都送到厨房里。[1]

后来，根据当地群众的需要，组织学员自觉承担保卫国家森林的任务。在工学团里，除了严格实行半天生产劳动、半天上课学文化，还定期举办诗歌朗诵会、政治学习会。这样，学员们逐步提高了认识和觉悟，增强了集体荣誉感、责任感。工学团不只在物质生活上得到了改善，而且有了"新集体的萌芽"，这种变化让马卡连柯及其同事感到欣喜，工学团的教育似乎越来越看到了希望。

三、如何进行集体教育

（一）重视对新生的教育

经过马卡连柯和其他教师的艰苦努力，高尔基教养院终于出现了集体的迹象，出现了集体的萌芽。这个现象让马卡连柯欣喜不已，并对未来的教育工作充满希望。然而，挑战很快就开始了，因为新一批的学童被送进了教养院，已经出现的集体的萌芽遭到了挑战。如何使集体得以维系，增强团体的凝聚力和大家对集体的认同感，已经成为摆在马卡连柯面前的任务。

总的情况是艰苦的，但是在第一个冬天里产生的集体的萌芽，在我们的团体里还是慢慢地发绿了，我们一定要尽力保护这些新芽，决不能让新补充进来的孩子们把这可贵的绿芽窒死。我认为我最大的功劳就是在当时注意到这个紧要的情形，并且估计到它的价值。后来才知道，保护这些幼芽的工作竟是这样一个万分困难、无尽期地漫长和艰巨的过程，要是我事先知道这种情形，我一定会吓得不敢斗争下去。幸而我总是感觉自己已经置身在胜利的前夜，必须是一个始终不渝的乐观主义者，才会有这样的想法。

那时候，我每天的生活里一定包含着信念、欢乐和绝望。

————————

[1] 马卡连柯著,许磊然译.教育诗（第一部）[M].北京:人民文学出版社,1957.33—34.

一切好像都进行得很顺利。有一天晚上，教师们做完了工作，朗读了一会书，随便聊了一会，玩了一阵之后，对孩子们说了晚安就散了。孩子们带着平静的心情准备就寝。在我房间里，还跳动着一天工作的最后几下脉搏，卡里纳·伊凡诺维奇还坐在那里，照例在做什么总结，旁边站着一个好管闲事的学童，勃拉特谦柯跟着古德站在门口，预备就草料问题向卡里纳·伊凡诺维奇进攻，这时候忽然有一个孩子喊叫着冲了进来："他们在寝室里厮杀起来了！"

我连忙跑了出去。寝室里喊声连天。角落里有两帮杀气腾腾的孩子。在剑拔弩张的姿势和突然的袭击里还夹着骇人的谩骂；有一个孩子正在打另外一个孩子的耳光，布隆跑去要夺一个英雄手里的芬兰刀，但是远远有人对他喝道：

"要你来多管闲事？你也想挨两下吗？"

床上坐着一个受伤的学童，默默地用从被单上撕下的一块布包扎被割破的手，一帮同情者围着他。

我从来不去拉开打架的人，也不设法去喝住他们。

卡里纳·伊凡诺维奇站在我背后惊慌地低声说：

"啊呀，快些，快些吧，亲爱的，不然这些寄坐虫就要厮杀起来了……"

但是我默默地站在门口观看。渐渐地，孩子们发觉我在场，开始安静下来。迅速来临的肃静甚至使那些最疯狂的孩子都清醒过来。短刀被藏了起来，拳头放了下来，狂怒的咒骂的独白说到一半就停止了。但是我仍旧不作一声：怒火和对这整个野蛮世界的憎恨在我心里沸腾。这是无法发泄的憎恨，因为我非常明白：今天并不是最后一天。

最后，寝室里笼罩着一片可怕的、令人难受的寂静，连急促的呼吸声也都平静下来。

这时候，我自己突然发作了，我所以发作，一方面因为我的满腔怒火真正爆发了，一方面也因为我完全自觉地相信，应该这样做。

"把刀子放在桌上！快点，鬼东西！……"大家纷纷把刀子放在桌上：有芬兰刀、有专门用来预备杀人的厨刀、有小洋刀和在铁工场里自制的刀。沉默的气氛仍旧统治着寝室。札陀罗夫站在桌子旁边微笑着，可爱的札陀罗夫，此刻我觉得唯有他是我最接近的亲人。我又简短地命令说：

"还有棒槌！"

"我这里有一根，是我夺下来的。"札陀罗夫说。大家都低头站着。

"去睡觉！……"

我等大家都睡下了才走出寝室。

第二天孩子们竭力避免提起昨晚的丑事。我对这件事也一点不提起。

一两个月过去了。在这个时期内，还有个别的仇恨的火苗在某些秘密的角落里微微地冒烟，如果这些火苗企图燃烧起来，集体内部很快就会把它扑灭。但是忽然间，又会爆炸一个炸弹，于是疯狂的、失去人性的学童们便又拿着刀子互相追逐起来。

有一天晚上，我看出我必须照我们这儿的说法"旋紧螺丝帽"了。有一次学童们打架之后，我命令最不安分的芬兰刀骑士之一的巧包特（人名）到我的房间里去。他顺从地、慢腾腾地走着。到了我的房间里，我对他说：

"你只好离开教养院了。"

"叫我到哪里去呢？"

"我劝你还是到准许用刀杀人的地方去吧。今天在食堂里同学不肯让座位给你，你就用刀戳他。所以你还是去找可以用刀子解决争执的地方去吧。"

"要我什么时候走呢？"

"明天早上。"

他面色阴沉地走了。第二天早上吃早饭的时候，孩子们都来向我求情，请我让巧包特留下来，他们愿意替他担保。

"你们用什么来担保？"

他们不懂。

"你们用什么来担保？要是他仍旧要动刀，那么你们怎么办呢？"

"那么您就把他赶走好了""

"这么说来，你们的担保还是空的。不行，他一定得离开教养院。"

巧包特吃了早饭，走来跟我说：

"再见了，安东·谢苗诺维奇，谢谢您的教导……"

"再见，不要记住我的坏处，你要是有困难，回来好了，不过至少要过两个星期。"

过了一个月他来了，脸色苍白，人也瘦了。"我照您的话办，所以我又来了。"

"你没有找到那样的地方吗？"

他笑了一笑。

"怎么'没有找到'？那样的地方有的是……不过我还是要待在教养院里，我再也不动刀了。"

学童们在寝室里亲切地欢迎我们：

"您到底还是原谅了他！我们早就说过了。"[1]

马卡连柯在丰富的集体教育实践的基础上，总结了在对新生进行集体教育时应注意的问题：

1. 新生应当受到教育者和学生集体的特别注意。在全体大会、自治机构的会议上，在个别谈话和私人谈话中，必须随时唤起集体对新生的关切。对工作人员也应当坚持地要求。工作人员在和新生的每次接触中都要理解他的任务是什么，新生刚到教育机关里最初几天的生活对他有多么重要的意义。

如果新生是大批地进来，那么接收他们的办法应当由领导方面、教师集体和

[1] 马卡连柯著，许磊然译.教育诗（第一部）[M].北京：人民文学出版社，1957.72-75.

队长会议对所有细节彻底加以深思熟虑并且准备妥当。在这种情况下，总的意图在于使新生一进来就感到组织的力量和集体的要求，这样一开始就帮助他们了解什么是必要的行为。接收应当在沉着的、和蔼的、友爱的气氛中进行。这些原则同样适用于各种类型的机关。

在寄宿学校这一类儿童教育机关中，只有在有空余位置的时候，才能接收新生。无论如何不能让新生没有个人的床铺，随便把他安置在长凳子上或地板上睡觉。

把新生和旧生安置在一张床上也同样是不许可的，因为这样的制度不仅使新生处于为难的境地，而且会引起别人自然的抗议，这些抗议的形式往往是恶意地对待新生，这更加使新生难于熟悉环境。

行政上必须精确地知道有多少空的位置，要采取坚决的办法来保证这些位置有床铺和床单，食堂里有空位，并且有储备的衣服和鞋袜。

即使没有缺额，但预料会额外接收新生，所有这些物品也得事先准备好。这时，必须事先指定安置补充床铺的位置。除了这些措施以外，还要采取其他尽可能减缩接收程序的措施。

每一个新生来到教育机关之后，就应当介绍给教导主任或是他的代理人。把他的来到记入总的档案内，在进行了最简短的谈话之后，立即把这个新生送到医生处，送到浴室，送到衣服储藏室，并且送到那个他被指定加入的分队的队长那里。

在没有经过医生检查和洗澡以前，无论如何不能够把新生安置在公共寝室里。

新生进来的头一天，对新生任何的详细询问以及填写履历表和调查表都应当直接禁止。对新生说来，无论是路程和新的地方都会造成心理上的负担。最好是在新生来到之后的最初两天内，只让他们看看机关的环境，和同事们认识一下。如果在这初次认识中大家能帮助他，那就更好了。

两天以后，已经可以着手填写各种文件，确定新生的教育程度和他一般的性格等等。到了第三或第四天，必须把新生送往相当的学校班级里，并让他开始工作。

重要的问题是把新生安置在什么样的基层集体里面。有两种解决的办法：第一，建立几个专门的新生分队，第二，每一个现有的巩固的分队分配一两个新生。

第一种安置新生的办法只有在人数众多的儿童劳动公社、工学团和儿童之家里面才能应用。在这些机关中，基层集体是生产分队，把学生安置到这些分队里，同时也就意味着派定了工作岗位，这往往是不可能的，也是不好的。

不是每一个新生都能够熟悉他所不习惯的生产条件，替自己选择工作岗位。他需要细细地观察，认识一下机关中一般的劳动环境，因此，最好是把新生安置在特别的勤务分队里。这些分队是由新生组成的，但队长应当由集体中最沉着、最有才干、并且是专门培养来给新生做工作的原有成员的领导分子来担任。

必须把工龄较长的和在学生中享有威望的好学生编入新生分队中。新生分队（勤务分队）应由集体的优秀成员来领导。每一个集体都有一些爱好学习、爱好读书、爱好文艺活动的学生。这样的学生往往在几年当中就在生产中获得良好的熟练技术，但他们并不力求应用这样熟练的技术。他们常常具有优良的才干，并且愿意做任何的工作。这种学生是新生分队的优良领导者。这些队长最好是不做生产工作，而是和自己分队的成员一起做勤务工作。集体中原有成员和新生的这种合作是非常有益的。

新生分队队长的地位应当认为是特别光荣的职位。应当尽可能常常奖励这些队长，而他们的工资应当和具有高度熟练技术的成员的工资相等。

对于新生的特别分队（勤务分队），教师必须十分注意，必须予以指导，因为常常会发生某些新生的孤立现象以及他们在集体中同化过程缓慢的危险。并且，新生感觉到自己是集体的成员愈快愈好，因此必须吸引他们参加各种集体活动，不要把他们局限在勤务分队范围内。应当把勤务分队看成短暂的阶段，这一阶段愈短愈好。

另一种办法是把新生分配到各个分队里。它有这样的优点，就是新生立即进入强有力的基层集体中，受有纪律和有教养的儿童们各方面的影响与观察。但为了做到这一点，教育机关必须是一个良好的有组织的集体。捷尔任斯基公社就是用这样的方法来安置新生的。

无论根据什么原则来安置新生，对于他们应当予以特别的长期的关心。

在新生来到的最初10天内，分队的队长和这一分队的旧生应当和他们进行几次谈话，谈话的题目是：

机关的情况以及有关学生权利和义务的规则，他们获得集体成员称号的活动，生产工作的规则，工资，毕业，获得教育和熟练技术的远景，自治规则。内部规则，生活制度，领取衣物、洗东西、洗澡的制度。休假的规则。利用图书馆和俱乐部是学校教育的一种必要的继续。

2. 树立行为方面的基本指示。对待较大儿童和较小儿童的态度。生产、学校、日常生活等方面的纪律的一般规定。解决冲突的规则。个人利益服从集体利益。对待妇女的态度。不许吵闹、说下流话和庸俗的话。有教养地使用食堂。保持房舍和院子的清洁。保持衣服的整洁。使用手帕、厕所等应注意的事项。

其中一部分谈话应由教导主任进行。

进行所有这些谈话应同观察结合起来，观察学生对基本的规则和要求实际领会得如何，他们执行到什么程度，学生自己准备拥护机关中的规则的积极性如何。并且，在实际领导的方式上，无论是队长或学生，在批评和指示的时候，应当经常保持严肃的态度，不容许任何无原则的亲昵态度，不嘲笑新生，不迎合他们的嗜好和趣味，对于任何原则立场都不让步。在新生的眼中，他们的领导者应当永远是更有文化、更有学识、更有经验和政治上成熟的人，他们无论如何不应降低自己的文化高度，相反地，要力求尽快地把别人提高到更高的水平。

新生的上级领导者要永远保持同志的态度，无论在任何情况下都不应当对捣乱行为、对故意不服从机关规则的行为，对反集体、反社会性质的尝试不加反对。

除了表面的惩罚方法以外，逻辑的说服也是必要的。不过这种说服应当在分队全体大会、集体全体大会或队长会议上审查该问题，表现在集体的意识中。即使在这种情形下，逻辑的说服所采取的也不是对破坏者个人说话的形式，而是对集体说话的形式，是抗议的形式，是要求纪律处分的论据的形式。实行这种方法时，一般地说，最好能做到集体中个别成员在发言中所要求的处理办法要比站在教育观点所要求的更坚决得多，而最后的惩罚的决议和许多提案比起来要温和得多。

正是在这种集体反应的形式中，集体不仅是教育的客体，而且也是教育的主体，因为在这种形式中，能使集体学到积极保护本身利益的经验。

在对集体获得经验的过程赋以重大的意义时，每一个教育机关的领导者也应采取一切办法使大量的新生积极起来，选拔个别的新生，使更多的新生发表意见。

全体大会的准备，个别发言底稿的加工修改，舆论的组织，应当是教师集体、青年团组织和学生集体中的领导成员的主要工作。不论在寝室中、个别谈话中、在偶然遇见的时候，随时随地都应当进行这种工作。当然，这种工作不应采取道德说教的形式。

如果在惩罚的过程中，犯过者表示有一线的觉悟和理解，如果他表示准备服从集体的话，惩罚照例就应当缓和得多。[1]

---

[1] 马卡连柯著，刘长松译.马卡连柯全集（第五卷）[C].北京：人民教育出版社，1956.56—61.

（二）为集体树立明确的发展前景

马卡连柯认为，在教育中，对"明天的快乐"（作者注：对前途的希望和对幸福的追逐）的追求就是最重要的工作对象之一。学校首先要做的是唤起学生对生活的乐趣，并把快乐作为现实的东西提出来作为集体发展的目标。其次，教育者不应使学生满足于简单的快乐，而是应当坚持不懈地把比较简单的快乐变为更复杂的、对一个人说来是最大的快乐。也就是：教育要引导学生从最简单的原始的满足到最深刻的责任感。

在人身上体现出来的最值得我们赏识的东西就是力量和美。而力量和美只有根据一个人对前途的态度来确定。如果人仅仅满足于唾手可得的近期目标，那么这样的人就是软弱无力的。如果他只满足于个人的前途，只要这种前途是远大的，那么他可以算是强有力的人。但只关注自己的前途的人虽然能让人感受到他的能力，却不能使我们感觉到人格的美以及人格的真正的价值。基于此，马卡连柯认为，集体的前途也就是集体成员的个人前途，集体发展的越欣欣向荣，身在集体中的人就会越美，越高尚。

而培养人，在马卡连柯看来，就是培养他对前途的希望。很多儿童教育机关、儿童之家和工学团的教育之所以失败，就是由于前途观念的薄弱和不明确。它们的设备很好，但是不能为学生建立起前途观念，因而无法获得良好的工作和纪律，结果教育效果非常不容乐观。因此，不断为集体树立相对稳定的、明确的、有价值的发展前景非常重要。

1. 近景

在那些还没有能力安排自己未来长远的意向和兴趣的儿童集体中，应当使儿童看到明天一定要比今天更好些。近景，对十五六岁的青年已经不像对十二三岁的少年那样具有巨大的意义。对于成年人，由于他的自觉性和政治上的成熟，仅仅有远景就足够了。

在我们教育过程的发展中，最重要的任务之一就是从比较眼前的满足走上比较远大的满足。然而在指示前途方面这个任务仍然是不够的，它丝毫没有把我们的教育学和资产阶级的教育学从原则上区别开来。我们在指示前途方面的工作，还在于我们永远应当培养集体的意向，而不仅是个人的意向。如果一个人关心集体的前途胜过关心个人的前途，那么他已经是苏维埃的人了。

最后，我们的任务还在于使个人的前途和集体的前途互相协调，使我们的学生不致感觉两者之间有什么矛盾。

由于这种复杂性，这方面的工作具有非常重要的意义，并且它在教育本身方面也成为一个最重要的部分了。

当然，近景的建立应从个人路线着手。这个工作的第一个阶段是每个上轨道的教育机关所必须经过的。设备完善的房舍和教室，温暖的住宅，使人满意的食物，清洁的床铺，充分保护儿童使之不致遭受大孩子的欺凌，和蔼可亲的朴素风度。这些都是必不可少的最低限度的前景，缺少了这些，正确的教育工作根本是难以想象的。

然而我们也不应忽视另一种情况，有些儿童往往已经养成了倾向另一种近景的坏习惯：他们对弱小的同伴显示自己有力，故意粗暴地对待女孩子，说下流的笑话，以及用偷窃的方式来满足物质欲望。这些也是追求近景的一些意图。

对于这样的儿童，教育机关中条件完善的生活常常并没有使那些惯常的意图忘掉的力量。玩纸牌，喝酒，嘲弄别人，即使在最舒适的生活条件下也是可能的。

只是在惬意的原则上建立近景也是很大的错误，哪怕在这惬意中存在着有益的因素，我们用这样的方法会养成儿童一种完全不能容许的享乐主义的习惯。

从最初几天起就应当按照集体的计划来建立近景。大部分儿童的特点是积极、自尊心相当明显，企图与众不同，企图地位优越。

应当依靠的正是这些性格的动的方面，把学生的兴趣引向比较有价值的满足方面。应给儿童机会，使他们努力追求的正是这种要求投入某些劳动的满足。如果院子很脏，自然就会想到铺一条简陋的小路，以便能够在院子里行走。但是当着手修筑简陋的小路时，就会产生新的理想——把小路铺得规模更大些。于是开始了非常复杂的、需要很大努力的工作。全班儿童都被吸引到这个工作中来，工作费了好几天的时间。在这个场合下，教师可以看出，关于一条方便的小路的最初的简单的前途是怎样被尽可能完满地执行劳动任务的更有价值的前途所代替。当这个工作集体相处得像一个和睦的家庭的时候，单单这种集体的工作方式就已经成为令人惬意的近景而令人向往了。

儿童教育机关领导者的重要任务之一，就是建立这样的近景，也就是充满集体的努力和集体的成就的明天的共同志向。特别是在学校和生产工作中，可以找到很多这方面的机会。车间的工作不应是一条枯燥无味的、千篇一律的工序的锁链。每一个车间，每一个车床小组都应当有光荣的任务，这个任务在教育机关的发展过程中所具有的意义、它在技术上的兴趣，以及个别学生在获得熟练技巧时所直接带来的利益，都是使集体所有成员心神向往的。如果教育机关关心培养出这种情绪，学生早上一起来就已经被今天的快乐前途所吸引了。

生产计划、生产中发生的困难，必须让整个集体知道。为此必须举行社会主义竞赛。即使生产还安排得不好，车床不多，工具很坏，也应当动员集体为生产得更好而斗争。

学校和俱乐部也同样应当布置前途的路线。学会了功课的学生从床上醒来，总是怀着美好的前途。这就是为什么帮助他学会功课是一件重要的事情。演员参加演出戏剧，编辑委员会如果把报纸编好，也同样怀有对于明天的快乐思想而生活着。

集体的生活所应当充满的快乐，正是这个意义上的快乐，不是单纯的娱乐，不是眼前的满足,而一定要是劳动的紧张和明天的胜利的快乐。

不言而喻,只有你真正关心集体,只有你确实努力使集体的生活更快乐,只有你不欺骗集体,并没有给它指出过后不能实现的令人神往的前途,只有在这些情况下,前途路线的教育才会是有效的。在集体前面摆着任何的、甚至很少的快乐,都能使集体变得更巩固、更和睦、更富有朝气。有时必须向集体提出艰难的、应有的任务,而有时必须给他们最简单的孩子们的满足:下星期午餐将有一份冰淇淋。

2. 中景

中景是包含在相当时期以后的集体事件的计划里面的。这是完全必要的。甚至某些成年人也有一些相当时期以后的或多或少的高兴的事件:休假,到避暑地旅行,晋级等等。这对于儿童是更为必要的。

这样的事件不应当过多。1935年10月在捷尔任斯基公社中曾经宣布:你们是优秀的教育机关之一。1936年5月1日,公社全体人员到基辅参加基辅市的游行,向我们政府的领袖致敬。

这种五一游行,只有在整个冬天、在集体的每一个工作日都被大家感觉到,都在加强和美化每一个近景的时候,才有教育意义。

在中景方面可以这样来布置:参加节日的游行和全民的运动,庆祝革命纪念日,儿童教育机关成立周年纪念和教育机关据以命名的可尊敬的首长的纪念日,学年结束和开始、毕业,教育机关的生产量达第一位,开设新的车间,工厂生产计划获得了成绩。

暑假的性质应当与集体的功绩、生产的发展、生活和文化工作的组织相结合。集体在工作中愈有成绩,它在组织性和纪律性方面愈有进步,所给它的暑假也就更有价值。每一个集体应当努力使集体的功绩是这样的大,是这样的全体一致,使自己完全配过一个条件优越的暑假。对于集体最好的休假就是在水边露营。

露营的准备, 它的设备, 食堂、运动场的设立, 组织与名人的会见, 文化和竞赛的工作, 集体应当及早着手。

3. 远景

虽然每个学生住在教育机关里都是暂时的, 迟早总要离开, 但是教育机关的未来, 它的更丰富更有文化的生活, 永远应当作为照耀着今天许多生活细节的重大而高尚的目的摆在集体的前头。经验证明, 儿童完全不是漠不关心地对待自己机关的遥远的将来的, 如果他们在机关中觉得很好并且很爱它的话。

这样的远景可以吸引儿童做很多的工作和更加努力地工作, 可以真正成为他们快乐的前途。这种情况是建立在作为大家庭成员的每个学生的自然的本能上面的。

教育机关的集体是一个大家庭, 集体中每一成员对机关将来的命运绝不会漠不关心。特别是在这种情形之下, 如果机关不和毕业生断绝关系, 经常和他们通信、在休假的时候邀请他们回来做客, 机关的前途就具有更大的意义了。

这种远景教育在广泛的政治教育事业中是很重要的阶段, 因为这是向更广泛的前途——我们全苏联的未来——的一种自然的、实际的过渡。

苏联的未来, 苏联的前进, 在建立远景的路线上是最高的阶段; 不仅要认识这种未来, 不仅要谈论它和诵读它, 而且要以全部的感情来体验我们国家的前进, 体验它的工作和成就。苏联儿童教育机关的学生应当知道自己祖国的危险、朋友和敌人。他们应当学会把自己个人的生活只看作我们现在和未来社会的一部分。

为了发展这种前途的观念, 只研究苏联和它的前进是不够的。应当随时向学生表明, 他们的工作和生活就是苏联的工作和生活的一部分。不仅在认识上, 而且还要在感觉中、经验中, 劳动和紧张的工作中, 向学生表明英雄主义的、光荣的苏维埃时代。给儿童看描写革命事迹的电影，跟他们谈苏联的大事，拿这些事件来和机关中的事件比较，请苏联的优秀人物到集体中来座谈，和个别的人通信，同其他集体中的儿童和成人通信，这一切都是很重要的。

在这种广大的苏维埃前途的背景上，安排每个学生的个人远景总是容易而且方便的。教育机关的学生一开始入校学习和参加生产，他就已经关心他个人的未来了。

为这种未来服务是每个儿童教育机关最重要的任务之一，并且是十分困难的任务。[1]

（三）树立良好的集体工作的作风

在多年的集体主义教育经验的基础上，马卡连柯把"集体的作风"概括为五个共同的态度，这种共同的态度主要表现为5个特点：

第一，集体应当朝气蓬勃。身在集体中的每一个成员都感到快乐，他们的身上都体现出奋进、欣欣向荣的精神气象。集体中快乐的情绪是一种非常宁静和稳固的文化气氛。这种快乐的情绪首先是对自己的力量、对自己所在集体的力量和自己的将来的一种发自内心的自信，是一种内心的宁静。这种宁静和自信体现在行动上，就呈现出一种朝气蓬勃和力争上游的精神力量，这种朝气蓬勃和奋进的精神不是单纯的奔忙、混乱，而是宁静的、精力充沛的，同时又是富有效果的行动，可以令人事半功倍。

当然，这种朝气和奋进只有在集体中才能持续地获得，因为个人经常在执行各种集体任务中得到锻炼，集体的存在决定了人与人之间不是乌合之众，而是有组织、有凝聚力的力量。在行动时会有非常明确的目标，彼此之间会真诚

---

[1] 摘编自：马卡连柯著，刘长松译.马卡连柯全集（第五卷）[C].北京：人民教育出版社，1956.68—74.

合作、互相帮扶，人与人之间是一个为着共同目标而奋斗和努力的共同体。

应当使人在共同的态度中，永远感觉得到个别的学生和整个集体都知道苏维埃生产集体的劳动人民的尊敬。

这种尊敬表现在外人因事来到教育机关里，要沉着有礼地对待他，要做一个好客的主人，如果外人不尊重集体，破坏它的利益，也同样表示坚决的反对。

必须培养儿童这种辨别的能力，必须使他们习惯于能感觉出周围发生的事情，知道和确定对待生人、外来的人的态度，并且很快地规定最能符合集体利益的行为路线。

只有当整个教育机关、它的生活和工作，在很大的程度上由儿童集体来负担从领导方面分出来的责任的时候，才能产生学生的尊敬感。如果教育机关事务的组织和情况是全集体共同注意和共同努力的对象，那么，每一件甚至很小的成就也会产生尊敬感。

必须随时随地培养自我批评的习惯，激发学生揭露教育机关工作中的缺点的意愿，哪怕因此不得不批评行政和个别同志；同时应当培养自豪感和对自己教育机关的爱护、希望它的名声是好的名声的意愿。因此，对每一个随便遇见的人揭露局部的失败和内部的摩擦是应当受集体指责的行为。学生应当带有自尊心地忍受某些困苦，不对初次见面的人请求得到这方面的满足。

只有在同生人认识之后，知道他需要什么，他对集体的态度如何，引导他熟悉自己工作的一般情况的时候，学生才可以把他当作朋友并利用他的帮助。

教育机关中这种对人态度的作风可以培养出健康的爱国主义所必需的要素：自尊心、自豪感和警惕性。[1]

第二，集体成员之间应当团结和睦。当一个成员遇到困难，其余的成员都应该及时地伸出援手，帮助他摆脱困境；当成员之间的利益发生冲突时，应当

---

[1] 马卡连柯著，刘长松译.马卡连柯全集（第五卷）[C].北京：人民教育出版社，1956.75—76.

采取合作和协商的方式解决争端；当个人和集体之间的利益发生冲突时，个人利益应当服从更高层次的集体利益。

在教育机关中必须培养的第二种非常重要的态度品质就是集体的团结，集体成员友谊的团结。在内部关系上，在日常工作中，学生们随便怎样互相"压制"，在全体大会和队长会议上责骂、处分，都是可以的，但除了这些专门的感化的方式之外，他们应当给每个学生以应得的权利，首先因为他是集体成员之一，在外人的前面就得保护他，不让他受到任何苦恼，不让他受到羞辱。集体的这种团结特别应当表现在全体紧急动员的工作中，突击工作中，共同的巨大的斗争中。在这个时候决不应当记起个别同志的罪恶和过失。[1]

第三，集体成员应当具有坚定不移地主持正义的观念。

正常的共同态度的第三个特征应当是坚定不移的主持正义的观念。任何一个学生，无论他是多么小、么弱或是来到集体的时间多么短，都不应当感觉到自己是孤立无援的。集体中应当有一种坚强的法律：无论何人不仅没有权利，而且也没有可能毫无忌惮地对集体中最弱的成员戏弄、威吓或是施以强暴手段。

他首先应当在分队里、班里，一定能够得到保护。因此，长时期保存下来的分队的存在是非常重要的。

其次，他应当确信，必要时，他从任何一个年长的同学那儿都可以找到保护，应当确信，机关的领导者在必要时也是下最大决心来保护他的。一些学生对另一些学生施用任何暴力的企图都应当最坚决地予以遏制。[2]

第四，集体成员要具有积极性。大家能够向着共同的目标而努力，每个人为了达到集体的奋斗目标应当积极地参与到集体活动中来。

共同态度的第四个重要特征是积极性。这种积极性绝对不应当表现在混乱的

---

[1]　马卡连柯著，刘长松译.马卡连柯全集（第五卷）[C].北京：人民教育出版社，1956.76.

[2]　马卡连柯著，刘长松译.马卡连柯全集（第五卷）[C].北京：人民教育出版社，1956.76—77.

奔忙和叫喊上面，而是发现在对于有条有理的、实事求是的或者文化娱乐的行动，对于克服空间与材料方面的困难的那种经常的决心和爱好上面。在整个工作日中，学生应当合理地工作、学习、游戏和阅读，进行某些对于他们所必需的谈话。他绝不应当只是胡扯，漫无目的地消磨时间，东张西望，在室内推推撞撞，不知道把力量用在哪里。只有在有组织的活动中，才能培养他的合理的、有益的积极性，以及对于有益的行动的习惯和爱好。[1]

第五，集体成员应当养成"抑制的习惯"。这种抑制的习惯体现在，抑制自己的不当需求，尤其当个人利益与其他成员的利益发生冲突时，要善于约束自己的不合理行为，理性地看待自身的得失。此外，抑制的习惯还体现在，每一个成员都应该遵守集体纪律。纪律既是集体教育的结果，也是集体教育的手段，是保证集体利益的基本规范。

态度方面的第五个重要特征，同时也是最重要的特征，应当是抑制的习惯。儿童教育机关的领导者应当经常发展学生善于在运动场中、在言谈中、在叫喊中保持沉着的能力。需要肃静的地方，就得要求肃静，必须使学生戒除不必要的喊叫，戒除放肆的大笑和动作。捷尔任斯基公社的集体禁止学生靠着墙壁，扶着楼梯的栏杆，伏在桌子上，躺在沙发上。对这种抑制不应具有严格监督的性质，应当从逻辑上证明这种抑制对学生身体是有直接益处的，在审美观念和对整个集体的方便上是必要的。

抑制的特殊形式就是礼貌，必须遇有适当的场合就坚持不断地告诫学生，并要求他们遵守。[2]

对良好的集体作风的培养是每时每刻都在进行的工作，贯穿于儿童教育工作的方方面面，在生活中，在学校中，在生产劳动中，在游戏中以及在其他方

─────────────────

[1] 马卡连柯著，刘长松译.马卡连柯全集（第五卷）[C].北京：人民教育出版社，1956.77.
[2] 马卡连柯著，刘长松译.马卡连柯全集（第五卷）[C].北京：人民教育出版社，1956.77.

面,都在进行着这五种共同态度的培养。教师、行政人员、学校领导、教导员的举止、谈吐和待人接物所体现出来的态度对集体作风的培养非常重要,因而,教育工作者应当首先使自己在行为上满足上述这些要求,形成优良的教育传统和行为规则。

具体而言,学校的领导和教育工作人员对待学生应有礼貌,沉着。无论在任何情况下,教师和领导者都不应当容许自己有轻浮的态度:谈笑,说笑话,任何放肆的言谈、装怪相模仿别人、装腔作势等等,这些行为都不应该出现在教育者身上。另一方面,教师和领导者在学生面前闷闷不乐、发脾气、大肆叫嚣,甚至教师之间当着学生面前吵架、公开彼此的矛盾,这也是非常恶劣的态度,也是不应当出现的现象。当然,当学生发生了严重的过失,或者面临突发的教育事件时,教师也可以表示愤慨和激动,但这种态度一定是因为过失的严重性而引起的,不可以随便发泄愤慨和激动的情绪,更加不能当着学生的面手足无措。

此外,培养良好的集体作风要求学校中的每一个人在衣着上也应当非常注意。无论是学生还是教育工作者或是学校中的其他工作人员,都必须衣服整洁,头发整齐,鞋袜干净,双手清洁,修好指甲,衣着不一定高贵,但是一定要整洁和符合学校这一特定场合的要求,不着奇装异服。

教育工作人员和学生一样,需要说话的时候才说话,需要说多少就说多少,不随便靠在墙上和伏在桌上,不躺在沙发上,不随地吐痰,不抛掷烟头,不把烟灰抖在地板上,在室内不戴帽子、不穿大衣。

在儿童教育机关中不需要实行经常的军事操练,也不需要让学生排成队伍,除非是出外旅行、节日游行,或是运行体育和军事作业的时候。对于日常生活来说,不需要任何的军事操练。在日常生活当中,需要的是精确性和整体纪律,但这本身就是有价值的,与军事训练无关。

这并不是说集体就应当放弃外表优美的军事动作。在这一方面，少年先锋队的日常生活中有许多东西是可以利用的。如果集体一天的活动不是用打钟而是用吹号作信号，如果每天工作的某些时间内可以用外部表现作为内容的象征的话，当然是比较合适的。例如可以用少年先锋队的敬礼来代替随便举帽的互相致敬。晚上队长报告一天工作的时候，也应当有这样的致敬和外表的礼仪。在后一种情形下，每一个学生都应当理解，出席队长的报告会，应当对分队和自己队长的工作表示尊敬。

对旗帜同样也要表示尊敬，在学生心目中，旗帜永远应当象征着集体的团结一致，就像红旗属于劳动人民的阶级一样。因此必须用专门的尊重的仪式来放置旗帜。在全体大会上应当选出掌旗的分队，它的职责是保护旗帜，在行军的时候举着它。

在高尔基工学团和捷尔任斯基公社里，旗队是从整个集体中选出最优秀和当之无愧的人组成的。旗帜用来作为一种提拔人的工具。旗队由五人组成：旗手二人，经常助手二人和后补助手一人。

应当一劳永逸地制定和建立保护、移动和掌旗的精确制度，在行军、休息及其他时候保护旗帜的精确制度。敬重旗帜不仅象征着对祖国的敬爱，而且象征着在集体中工作的精确性。这是一种最有效的教育手段。[1]

（四）加强教导员的工作

马卡连柯针对自己当时的教育场景，指出每一分队都应当有一个辅导员。辅导员的工作要求比较细致，具体而言，辅导员的工作如果想做到实效，要做到如下几点：

1. 教导员首先应当充分了解自己分队中的成员。应当了解每一个学生的生

---

[1] 马卡连柯著, 刘长松译.马卡连柯全集 (第五卷) [C].北京: 人民教育出版社, 1956.78—79.

活概况和性格特征，了解他的志向、疑虑、弱点和长处。

具体而言，教导员对于自己的每一个学生应当知道一些什么呢？

学生的健康状况怎样，他是否有什么苦衷，要不要找医生，医生的帮助是否令他满意？医生对这个学生的注意够不够？

学生对待自己的教育机关的态度怎样，是否爱护它，是否有决心积极参加改善机关的生活，还是对它像对自己生活中的事项一样漠不关心，或许是敌视的态度。如果是敌视的，那就必须追究这种不健康的原因：原因在于教育机关本身和它的制度，还是在于这个学生一心一意想在其他的地方学习和生活？究竟想在什么地方，怎样生活，做什么工作？

学生对自己的情况和力量是否有十分确切的观念，是否明白劳动的道路是必需的？眼前的温饱、眼前的满足和娱乐这些单纯的前景在他身上是否占有优势？这种情形之产生是由于根深蒂固了的习惯，还是由于思想水平太差？

学生对待同伴的态度怎样？比较倾向于什么？不喜欢什么人，和谁要好，和谁敌对？

他对于幻想的和冒险的计划的爱好厉害到什么程度？他对分队和队长的态度如何？他对于优越地位的爱好怎样？他企图凭什么取得这个优越地位？

学生怎样对待自己技术的提高？对待学校工作和文化工作、对待一般的品行、待人接物等修养的提高？他是否理解不断提高自己的必要性及其利益，或者他更向往于学习和文化工作过程的本身，向往于文化工作所给予他的那些快乐？

学生阅读什么？读不读书报？他是否自己从图书馆里借阅书籍，或是阅读一些偶然得来的书籍？他是否对于一定的主题感到兴趣，或是毫无选择地读书？

学生表现了什么才能？什么是必需加以发展的？

在生产方面学生是做什么工作的？他是否能胜任他的工作？他是否喜欢它？学生对于工作是否表现了意志上的软弱无力，是否任性？是否力图做别的工作？这种愿望是否合理, 实现这种愿望有什么障碍, 学生怎样克服这种障碍, 他是否决心长久地和它做斗争? 他是否有足够的坚持性?

学生的家庭物质状况和他生产工作的工资, 他能有多少钱拿到手? 他怎样开支? 对钱重视不重视? 是否竭力把钱积蓄起来? 是否帮助家庭和家庭的成员? 是否帮助同志? 是否爱穿得漂亮点? 购买什么衣服?

学生是否养成了文明习惯? 他是否理解这些习惯的必要性? 是否竭力改善言语? 用什么态度对待弱者、妇女、女孩子和老人? [1]

所有这些关于学生的材料以及在观察学生的过程中所发生的其他许多材料, 教导员都应当知道, 而好的教导员则一定要记录下来作为教育用途, 一定要派上用场, 以此为依据展开学生工作, 绝不要把这些材料变成单纯的收集物。教导员在研究学生时, 不应当抱着漠不关心的态度来认识学生, 而应当通过共同的教育生活和帮助学生解决问题的过程中来更加深刻地认识学生的思想、性格、个性、家庭及其他特征。马卡连柯认为, 好的教导员不应当把学生看作研究的对象, 应当把他看作教育的对象。

2. 在工作方式上, 优秀的辅导员一定要使用特定的方法。

马卡连柯认为, 作为一名优秀的教导员一定要写工作日记。日记主要是记载教师通过对学生的个别观察得到的能够代表某一个人的特点的事件, 记录教师和学生的谈话, 记录学生学业或者思想上的进步, 分析学生的转变的现象等等。这种日记和正式日记不同, 性质也大相径庭。记工作日记不是为了记录而记录, 更重要的是为学生工作提供依据, 能够使辅导员对每个学生的个性特点和发展状况了如指掌, 做到有针对性地进行教育。

教导员所记的日记只供教导主任审阅, 并且只有当教导主任或者学校想更全面地了解某一个学生时才拿去审阅。写这样的日记可以鉴定教导员的工作质

────────────

[1] 马卡连柯著, 刘长松译.马卡连柯全集 (第五卷) [C].北京: 人民教育出版社, 1956.81-83.

量,可以当作衡量教导员这种工作人员的价值的一定尺度,但学校不应正式地要求教导员写这样的日记,因为这样就有使这种日记变成正式报告的危险。并且学校要求记的日记对那些不用真心的教导员而言就变成了一种形式,不仅增大了教师的工作负荷,而且对学生工作没有任何益处。

教导员还应慎用惩罚或奖励的权利,他不应当用自己的名义处理问题。教导员要尽可能避免向上级领导控告学生,否则就会让学生认为教导员是站在与其对立的一面。只有免除教导员形式上的监督职能,他才能得到全体学生的信赖,才有可能把自己的工作做好。

3. 在与学生的交往方式上,要体现关心和平等。

从这个基本原理出发,便得出教导员和学生交往的方式以及对他进行研究的方式。教导员不应当向学生简单地询问他的生活上的各种情况,他的志向和希望,以便把这一切记录下来并做出结论。教导员和学生初次会面的时候,应当给自己提出一个实际的目的:把这个男孩子或女孩子教育成真正有教养的苏维埃人、劳动者,这样的劳动者从教育机关出去以后就是一个有用、有技术、有学识、有政治修养和高尚道德的身心健全的公民。教导员永远不应当忘记自己工作中的这个目的。简直是连一分钟也不应当忘记。并且只有在为达到这一目的的实践中,教导员才应当和学生接触。

教导员每次获得学生的新的情况,应当立即把它变为实际的行动、实际的忠告、对学生竭力帮助。

教导员应当经常很清楚地知道下面这一点:虽然所有学生都很明白,他们是在机关中学习和受教育,但他们非常不喜欢那些专门的教育手段,尤其不喜欢人家对他们净谈些教育的好处,把每一种批评都变为道德的说教。

因此,教导员的教育立场的实质应当不让学生感觉到,并且不把它放在第一位。教导员无止境地用明显的谈话烦扰学生,会使学生感到讨厌,并且几乎经常会引起某些反作用。

　　苏维埃教育学不是直接发生教育作用的教育学，而是平行地发生教育作用的教育学。我们儿童教育机关的学生首先是劳动集体中的成员，然后才是学生，并且他对自己也应当这样的看待。因此连他正式的称号也不是学生，而是集体的候补成员或成员。在他的眼中，教导员也应当首先以劳动集体的成员的身份出现，然后才以教导员、教育专家的身份出现，因此，教导员和学生发生接触，与其说应当在专门的教育方面，不如说应当在劳动的生产集体的方面，应当在这样的背景上，即不仅为了狭隘的教育过程的利益，而是为了最优秀的教育机关，为了它的财富、繁荣和良好的声誉，为了有文化教养的生活，为了集体的幸福生活，为了这种生活的快乐和合理而斗争的利益。

　　在学生集体之前，教导员应以战斗的同志身份出现，同他们一起并且走在他们前头，为了头等的苏维埃儿童教育机关的一切理想而斗争。儿童教育机关的教育工作方法也就是从这里得出来的。教师应当随时随地记住这一点。

　　教导员如果想知道学生在学校中或在生产中的情况，他所能采用的唯一的方法就是：他常常到学校去，到生产岗位去，出席一切生产会议，他在教师集体中、在生产管理处和大家谈话并且积极行动，和分队一起为优异的成绩、为良好的工具、为材料的供应、为指导和检查以及提高教学质量的完善过程而斗争。他在一切情况下，都是作为分队的关心者和分队站在一起的，只要分队坚持正确的、公众的立场。只有在极少的情形下，才应当采取对个别学生的直接"教导"。首先，教导员应当动员本分队或甚至其他分队中一批年长而有威信的学生来参加这种"教导"工作。如果这样对那个学生仍然没有帮助，教导员应当亲自和学生谈话，即使是这种谈话，他也应当使它成为关于教育机关中或分队中的问题的十分简单而自然的谈话。然后才逐渐地并且自然而然地转到那个学生本身的问题。要让学生愿意自己来谈论自己，这永远是必要的。在某些情况下，可以直接就对学生谈他的行为问题，但进行这种谈话，必须在逻辑上是从集体的共同利益出发的。

极其重要的问题就是儿童对学习的态度。这是教导员应当特别注意的方面。在学校中有系统地获得基本的知识并且及时毕业，这可以确定一个人一生的道路，但这对于健康的和正确的性格的形成也是必需的，也就是，在很大的程度上这是决定一个人的命运的。因此成绩和分数（这两者并非永远都是完全相符合的，所以这也应当成为教师特别注意的对象），学生对他感到兴趣的个别科目的实际知识以及这些方面的变化、发展、趋势——这一切都是教导员应当清楚而详细地知道的。在学校中的失败，劣等的分数，都会使学生的情绪以及生活的紧张力低落，虽然这在外表上可能表现为满不在乎、假装冷淡、孤僻或是冷嘲热讽。学校中的这些失败通常是儿童用各种形式经常作伪的起源。学生这种装模作样是和他的健康的儿童与少年的集体背道而驰的，因此它经常或多或少是具有危险性的。

优等生可能有另一种脱离集体的倾向：在善良的面孔和姿态下面掩饰着骄傲自满、妄自尊大、自私自利。中等的学生有一种单调的和灰色的生活情调，而这是儿童难于接受的，因此他们便开始在其他方面找寻乐观的前途。

学校中人与人的相互关系是学龄儿童生活的主要背景，教导员应当经常记住这一点，但即使在这里，也是由于学生对个人和社会的前途的明确认识，由于公共的和集体的联系的巩固而达到充分的成功和幸福的，训诫和劝告是收效最少的办法。对落后者给以实际的帮助以及提高他们公民的自觉是必需的。

在教导员的观念中，学生的未来应当特别受到注意。教导员应当知道，学生想当什么人，为此他是怎样努力的，他的志愿实现的可能性有多少，实现这种志愿是否能胜任。对于一个少年，选择生活的道路并不是容易的。这里很大的障碍往往就是不相信自己的力量，或者相反地，危险地模仿更强有力的同志。

帮助学生选择自己的道路之所以是非常重大的事情，不仅因为这对于学生未来的生活是重要的，而且还因为这会有力地反映在他在机关中的活动和生活的紧张力上。

教导员在整个分队中也应当进行这项工作,唤起学生对生活各方面的兴趣,举出全国知名的先进工人和集体农庄庄员的范例。重要的是唤起儿童对每一种工作岗位的志趣,在每一种事业中都要走在前头的愿望。重要的是要证明刚毅、热情、理智和求得高度的工作质量的愿望,能使每种专业都变成令人羡慕的工作。

教导员在分队中的工作方式可以是非常多样的:参加分队和班里的工作;参加一切生产会议;参加一切集会和全体大会;随便到分队中谈话,玩象棋或骨牌,从事体育运动;同大家一起散步;同队员一起参加小组活动;参加队报的出版;参加朗读晚会;指导阅读和选择书籍;参加分队中主要的清洁工作;和个别的一群学生以及个别学生一起散步和谈话;在上课时到教室去;帮助学生准备功课;制图和绘画;出席所有自治机构的会议;跟某一分队或自己管的几个分队开会;在举行展览会和准备过节时直接参加工作;积极参加解决物质生活上的一切问题;参加为了同各机关联欢而举行的旅行和行军,普通的拜访工人和农民的集体;游泳,滑雪,溜冰——组织和安排这一切娱乐的直接工作。

教导员在他所管的几个分队中的工作需要花费很多的力量,这种工作能够占满教导员的整个工作时间。

在分队的工作中,教导员不应当是一个行政人员。如果分队中有不良的现象,教导员应当告诉教导主任,但在这种谈话之后,教育机关的领导者只有在宣布关于分队不好的情况是从队中或者队员得到的报告之后,才能采取组织上的措施。

为了在程序上能够提出这些措施,教导员应当公开地要求分队会议或者分队的干部会议向教育机关领导者报告。教导员应当始终坚持这种要求,不应当虚伪地迎合学生心理,对他们隐藏起自己的观点。在学生的心目中,教导员不应当是口是心非的,而他在分队中的行动不应当是同机关当局的行动相抵触的。

在他的其他工作中,在整个集体的工作中,教导员的立场就完全不同了。在这种情况下，他已经不是以他所管的几个分队中的老同志的身份出现，而是以整个集体的全权代表的身份出现。他这种立场与大家所明了的那种真正特权应当是有所区别的。

领导一天的生活以及负责生活日程中活动的秩序和准确性的是每天的值日，是由值日教导员和值日队长组成的。值日队长最好就是这个教导员所管的那几个分队里的。

捷尔任斯基公社严格地执行着每一个社员都知道而且理解的一项旧有的全体社员大会的决议：值日人员的报告是不受检查的。这一项规则明显地指出值日人员所享有的巨大的权威，如果没有这种权威，工作日就会经常由于各个人的争吵和意见分歧而发生混乱。

教导员值日时，享有发命令、做报告和指挥的权利。他应当和值日队长分享这些权利。他们之间最好不必分工，而是两个人同样地对值日负责。但教导员应当使值日人员的工作积极起来，应当使他养成独立果断的行动的习惯，不让他躲在教导员背后推卸自己的责任。如果遇有值日队长不知道应当怎样做的情形，值日教导员应当和他商量，并且商定的办法应由值日队长自己去执行。

必须处处做到让整个集体看见值日人员永远是一个整体，没有教导员和队长之分。

经验证明，在组织完善的集体中，教育机关的值日可以由年长的学生担任，他们完全可以不用教导员的帮助而担负起这个工作。如果发生困难的情形，值日人员可向教导部门的领导者请示，而这样便可以加强领导和积极分子经常的实际的接触。值日人员的全都权利和职务应当包括以下各项：

①管理每日的一切生活制度。

②登记一天中所发生的偏向、破坏、迟到、情况和事件，为使环境合乎标准，迅速地用自己的力量予以处理，晚上报告所发生的一切和采取的措施。

③管理一天中的一切信号。除非按照值日人员的吩咐，不得发出任何信号。

④接见来宾、代表团、新生，发给通行证，检查休假者和出入人员。

⑤监督食物的合理分配以及食堂和厨房的工作。

⑥监督一切委员会正确地工作。

⑦在值日分队的帮助下，领导集会、娱乐、游戏、俱乐部工作的布置。

⑧处理警报、失火、紧急动员等事故以及个别的不幸事件。

⑨正常地结束工作日和督促全体学生按时就寝。[1]

（五）重视教师集体的建设

没有一个良好的教师集体是培养不出良好的学生集体的。在马卡连柯看来，建设教师集体应当注意4个方面：

第一，教师集体应当是一个合理的组织。教师集体是一个团结的团体，教师的合作与凝聚力应当是教师组织的一个突出特征。在领袖教师或校长的带领下，教师作为一个团队去管理学校，他们具有大体一致的教学理念，并且共同合作来设计课程与学校运行规范。

教师集体的团结建立在对学校认同的基础之上，每位教师与同事之间相互学习与合作，重视并致力于专业发展，通过纪律和成绩来建立连贯的教育程序，对学生的学业和正在进行的学习过程具有更高的责任感。这样团结的教师集体能够为学生创设一个更加集中的学习环境，能够通过教师集体的合力对学生产生良好的教育影响。

第二，教师集体要团结，行动要一致。在教师集体内部，每个教师都有权利使用全团队的思想、材料、策略和才能，特定学科的教师或者同年级组的教师会定期聚会，大家一起研讨教学策略的改善，共同评估教学方案，集体讨论

---

[1] 马卡连柯著，刘长松译.马卡连柯全集（第五卷）[C].北京：人民教育出版社，1956.83—90.

课程计划。当教师在学习共同体里有目的地研究教学问题、分析教学事件、评价教学方案时专业可以得到提高，同时也可以很好地提高教育效能。教师集体为一个实践合作组织，在这里教师可以分享教育资源和看法，这对他们坚持不懈地创新和改革教育实践并取得最终胜利显得很必要，而且这种沟通与合作可以促进教师之间共同责任感的形成，对加强教师素质和教育效能都有帮助。

第三，教师集体和学生集体要建立密切的联系。教师集体会形成教师相互学习和分享同事经验的一种气氛，在最后，学生将会收益。现在很多时候，教师群体与学生群体之间的沟通与了解也变得越来越困难，有的教师甚至叫不出学生的名字，这样的状况是教育必须要避免的现象。

现代社会中关于教师集体与学生集体之间相互影响的例子很多，最有代表性的是斯坦福大学教育学教授迈克劳林（Milbrey McLaughlin）的研究与阐述，她以两所中学为观察和研究对象，这两所学校均坐落在同一大学校区内，少数民族学生入学率都较高，都面临着学生的文化多样性、语言和学术态度的差异。但不同的是，A中学的辍学率比较高，许多学生学业成绩不及格，非常少的学生能够有机会进入大学。而在B中学，学生的数学、阅读和写作成绩都在该区名列前茅，百分之八十的毕业生考入了大学。在生源背景、能力及学校位置都大致相同的情况下，为什么教育结果却呈现出如此大的差异？根据迈克劳林的观点，是由于教师专业共同体的存在和发展状况所导致的。她指出教师专业共同体决定教师的职业观和学生观，它的存在与发展状况为学校走向成功提供了适宜的组织与精神资源。专业共同体的存在可以支持和帮助教师改进和完善自身的教学实践，并帮助他们解决由于学校的改革和变化而出现的那种危机感和不确定感，可以使教师们能够根据教学实践的变动不居，去应对变化的环境和新的挑战。当教师具有一种很强的专业团体感时，他们的士气较为高昂，责任感也更强。[1]因此，当教师群体成为一个联系密切、凝聚力强的集体时，要积极地将这种影响施加于学生群体，对学生的发展产生积极的推动作用。

应该有这样的教师集体：有共同的见解，有共同的信念，彼此间相互帮助，彼此间没有猜忌，不追求学生对个人的爱戴。只有这样的集体，才能够教育儿童。因此，我热烈地欢迎报纸上所登载的这一报道，我们的教育人民委员部现在郑重地提出了关于加强校长和教导主任的影响和权力的问题。这一措施，会促进教师工作中的集体性的发展。[2]

——————
[1]　"Professional Community of Teachers" Makes a Difference. Stanford University News Service. http://news—service.standord.edu/pr/92/920511Arc2227.html.2005—11—9.

[2]　马卡连柯著，刘长松译.马卡连柯全集（第五卷）[C].北京：人民教育出版社，1956.172.

第四章 马卡连柯论纪律与惩罚

纪律是一种教育规范。教育规范首先源于社会规范的形成和发展，纪律不仅是为了约束人的不良行为，其本身也是重要的教育内容。学校教育的任务之一就是负责把这些内容告诉学生，让学生不能够僭越学校和为人处事的底线。自从有学校教育之日始，纪律就在人的成长和发展中起着重要的作用。正如近代教育家张伯苓撰写的南开中学"箴规"：

面必净，发必理，衣必整，纽必结，头容正，肩容平，背容直；

气象：勿傲、勿暴、勿急；

颜色：宜和，宜静，宜庄。

南开中学的学校纪律适应了青少年的身心特点，也能教之以理，导之以行，动之以情，在学校教育中发挥了积极作用。最明显的就是作为毕业生的周恩来，仪容整洁，举手投足间都是对南开中学"宜和宜静宜庄"的生动诠释。由此可以看出纪律在塑造人的品行上的重要作用。

一、纪律及其特点

（一）什么是纪律

"纪律"一词看似常识化，但是人们对它的理解却不尽相同。马卡连柯首先列举了人们对纪律的含混理解，比如一些人把纪律理解为一系列规则的汇集；另一些人把经教育形成了的人的习惯称为纪律；还有一些人常常把听话的行为看作是纪律。这些观点虽然在一定程度上反映了"纪律"的某些方面，但却不是准确和全面的。

人们时常把纪律理解为纯粹表面的秩序或表面的手段。这是一种只有在教育机关中才会犯的最有害的错误。

对纪律这样的理解，纪律便永远只是压制的方式，永远会引起儿童集体的反抗，并且除了反抗和希望摆脱纪律的限制之外，什么也培养不出来。

不应把纪律仅仅看成教育的手段。纪律是教育过程的结果，首先是学生集体表现在一切生活领域——生产、日常生活、学校、文化等领域——小的努力的结果。

我们社会的纪律是道德和政治的现象。旧社会中，谁也不把不守纪律的人看作不道德的人。

在我们的社会中，无纪律性、不守纪律的人就是反对社会的人，我们不仅是从表面上技术上便利的观点出发，而且也从政治和道德的观点出发来看待他。每一个教师和学生对纪律必须有这样的理解。

我们的纪律和旧社会的纪律不同，它应当是同自觉相结合的，也就是同充分理解纪律是什么并且为什么需要纪律相结合的。用什么方法可以达到这种自觉的纪律呢？

首先，应当要求集体把纪律当作我们政治上和精神上的幸福的形式。

必须逐步培养儿童这样理解纪律的观点，必须使学生以自己的纪律而自豪，对待良好的纪律，要像对待全集体最好的工作指标一样。

应当经常和学生谈论纪律，特别是在自治机构的会议上和全体大会上以及其他场合。必须利用每一个机会让学生注意我们的社会中，我们的党里、红军里，我们的飞行员、生产者中间遵守纪律的现象。

不要把关于道德的谈话变成一种道德说教，同时不仅需要养成儿童遵守纪律的习惯，而且必须交给他们关于纪律的逻辑上的要素，这就是：

1. 纪律对集体之所以必要，为的是使集体更完善、更迅速地达到自己的目的；

2. 纪律之所以必需，是为了每个人的发展，为了培养每个人善于克服障碍和完成困难工作的本领，为了培养善于完成伟大功绩的本领，假如生活号召完成伟大功绩的话；

3. 在每个集体中，纪律应当高于集体个别成员的利益；

4. 纪律使集体和集体的每个成员变得美好；

5. 纪律就是自由，它把个人摆在更被保护和自由的地位，使每个人对自己的权利、道路和可能性有充分的信心；

6. 纪律不是表现在一个人替自己做一些轻松愉快的事情，而是表现在一个人去做更困难的、意外的、需要很大的紧张的事情。他之所以做这些事，是因为确信这些事情无论对于整个集体和对于整个苏维埃社会和国家都是必要的和有益的。

这些简单的原理应当让全体学生——儿童和少年——知道，这是完全不容怀疑的原理。只要在集体中一发生与这些原理背道而驰的倾向，就要拿这些原理的肯定语句来提醒大家。

如果这些原理不与经常地指出我们社会中遵守纪律的实例相结合，不与集体自身的经验和经常的练习相结合，便是空洞无益的。

儿童教育机关的领导者应随时找机会考验个别集体、个别小组或个别学生遵守纪律的巩固性。纪律检查和考验不应当常常使用，以免使集体疲劳和把遵守纪律的责任变成单纯的游戏。

不言而喻，这种委托和考验不应当是单纯的练习，而应当是大家都认为它是对于整体有一定利益的。不要一下子就开始这样的练习遵守纪律的过程，而且从最小的和不需要特别努力的委托开始。

上述遵守纪律的风气的培养，只有领导者本身在这方面以身作则才能收到成效,例如集体排队或分组到某地方去步行,而教育机关的首长或教师却坐马车或汽车,那么可以预言,任何特殊的遵守纪律的风气都养不成。如果学生在冷天不穿大衣到什么地方去,那么领导者也不应当穿大衣。听见信号开会和集合的时候,领导者、教师和教导员不是比大家来得晚,而是要比大家来得早。教师集体必须参加整个集体的意外的紧急工作。

最重要的情况是领导者在安排自己和集体在纪律上的接触时所取的态度。这种态度应当是严肃、淳朴、精确、坚决的,但同时又是信赖的,对学生是同情的,有时点缀以微笑或玩笑,但经常对每个人都是予以特别注意的。

所有上述都是属于纪律的高级形式,这已经是一定教育过程的指标。建立纪律本身的过程,与其说是纪律范围以内的事,不如说是儿童教育机关一切其他生活和工作范围以内的事。[1]

(二)什么样的人是守纪律的人

我们常常把听话和顺从的人称为守纪律的人。但是,马卡连柯指出,所谓的听话并不足以表示一个人是守纪律的,因为简单地听话和盲目地听话是就学校对儿童的要求而言。而新的时期,纪律绝对不是简单的听话就可以概括的,它不仅要求公民懂得为什么必须完成某项任务,而且要求他自己积极主动地、发挥所有的潜能去尽可能好地完成某项任务和命令,并且在自己生命的每一分钟都做好履行自己义务的准备,充满主动性和创造性,而不去被动地等待命令和指示。

除了积极主动地完成任务之外,如果想成为一个守纪律的人,还需要学会抵制那些可能带来危害的社会行为。有些人和部门为了使人服从,常常会给人一些好处,守纪律的公民应该有能力在任何条件下都始终善于选择正确的行为,选择

---

[1] 马卡连柯著,刘长松译.马卡连柯全集(第五卷)[C].北京:人民教育出版社,1956.30—33.

对社会有益的行为，并且能够持之以恒，不管中间遇到什么样的问题和困难。

因此，仅仅借助于纪律，练习服从的品质，并不足以培养守纪律的人。培养守纪律的公民需要全方位的努力和影响：

"广泛的政治教育、普通教育、书籍、报纸、劳动、社会工作，以及那些似乎是次要的东西，例如，游戏、娱乐、休息。只有在所有这些影响的共同作用下正确的教育才可能进行，只有有了正确的教育才能造就社会主义社会的真正的守纪律的公民。"[1]

也就是说，纪律并不是通过简单的惩戒就可以形成的，而是整体影响的结果，它是由整个教育体系、全部生活环境、儿童在日常生活中受到的所有影响共同造就的。

（三）我们如何看待纪律

谈起纪律，我们首先想到的是我们的自由受到了限制。实际上，好的纪律首先不是为了限制我们的自由，相反，正因为纪律的存在给予了班级每一个成员应该享有的自由，让每个人的自由不受践踏。纪律首先是为了保证我们获得更美好的学校生活而制定的，它不是为了限制人的自由，而是为了每个人更好地发展和生活而产生的，是我们获得幸福的必要形式。

任何纪律的根本问题都是人们对纪律的认同、遵守问题，如果没有人认同、遵守或大多数人都有意违反，就足以证明纪律没有得到多数学生的认同。学生对纪律的认同是遵守政策的前提，这种认同不但是教师和学生平等合作的过程，也要让学生认同。只有最终满足学生的需要和利益的纪律才会被认可、承认和自觉服从，否则纪律就会遭到大学生抵制或反对。纪律并非纯粹的规则，人们之所以认同它、遵从它，绝不仅仅因为它的强制力，更重要的是意味着

---

[1] 马卡连柯著，许磊然译.教育诗[M].北京：群众出版社，1997.40.

这种普遍有效的理性规则,能够内在地表达、传递一定的原则。要得到学生认同,就要让学生对纪律进行价值上的承认与肯定,认为它是基本正义的,自己愿意遵守与维护这一纪律。因此,当有很多人违反纪律的时候,首先要做的不是惩罚学生,而是反思纪律设立的是不是正当和符合人心。

(四)如何实施纪律

1. 积极分子的树立

凡是很好地对待机关和他的任务,参加自治机构的工作,参加生产管理、俱乐部和文化工作的学生,都可以称为积极分子。

积极分子是儿童教育机关中健康的和必需的后备队,他们在集体中保证各辈之间的继承性,保持集体的作风、情调和传统。成长着的积极分子代替机关中毕业生的社会工作,借以保证整体的统一性。

积极分子的培养过程是非常重要的。如果这种过程任其自流,不同积极分子进行工作,将永远不会形成真正地工作的积极分子。为了使积极分子正常地成长和成熟,给他们以一定的组织形式是非常重要的。在捷尔任斯基公社,经常培养积极分子的基础是把学生分为候补人和公社的成员。第一种人叫作学生,第二种人享有社员的称号。社员的称号由队长会议决定授予,全体大会批准,同时在大会上隆重地授予被批准者以社员证章。

和学生比起来,社员具有某些优先权。每一个教育机关都可以规定授予积极分子成员以一种特别的称号,并且拟定适合于本身条件和名额的权利项目。

不要害怕在教育机关中会有许多学生获得积极分子的称号。应当小心地授予这种称号,要估计到以后不致把他再从积极分子中开除出来,然而应当努力做到,让大多数学生成为组织上固定的积极分子的成员。

必须对积极分子的成员提出经常的实事求是的和遵守纪律的要求。在学生的眼里，他们所享有的特权应当是积极分子对集体的巨大工作和功绩的公正的结果。只有这样，积极分子的组织才有教育意义。降低对积极分子的要求和授予不应得的特权和不正当的消费，都会使积极分子腐化。

在儿童教育机关的组织时期，还没有强大的青年团集体的时候，积极分子具有特殊的意义。在这时候，迅速发现和吸收最活跃的儿童参加工作是教师和组织者首要的措施。[1]

马卡连柯关于积极分子的论述不仅让我们想到了现在基础教育阶段的"三好学生"这个响亮的称呼。1982年，我国教育部、团中央曾发布通知，在学校里评选"三好学生"，评选学生的比例占学生总数的5%至10%。评选"三好学生"的工作曾对几代青少年的健康成长起到积极的促进作用。然而，在当今价值多元化的时代背景下，"三好学生"的评选模式越来越受到教育界人士的质疑，"三好学生"在孩子心目中的地位也在不断下滑。曾经有一段时间，界内人对于"三好学生"称号的授予争论不休，有的人认为应当废除"三好学生"称号，因为任何学生的进步都值得鼓励，仅把称号授予少数学生会刺伤多数学生的进取心和自尊心。评优作为激励机制，奖励是重要一环，"三好学生"的榜样作用潜移默化地影响着孩子，是学生接受同辈群体影响的重要方面，他们的力量大过老师和家长的说教。马卡连柯关于积极分子的论述带给我们很多启示，那就是"三好学生"的数量不一定是硬性的规定，可以弹性处理；他们是同辈群体努力的榜样，但本身并不享有任何特权；此外，"三好学生"的评价程序一定要体现公正公开的原则，否则就失去了教育意义。

2. 建立良好的生活制度

公共规则的破坏，结果总是在教育机关里形成一群特殊人物，他们一般说来是不必遵守制度的。这群特殊人物通常是一些年长的学生、工作队长、分队长、会

---

[1] 马卡连柯著，刘长松译.马卡连柯全集（第五卷）[C].北京：人民教育出版社，1956.27—29.

议的成员，他们买好首长，得以不受制度的约束。

  每个教育机关都应当立下一项规则：年长的学生、分队长、工作队长、积极分子和自治机构的成员，首先要服从生活制度，他们对于生活制度的破坏应负更重大的责任。

  在开始的时候，建立这种风气是十分困难的，特别是机关中已经产生了相反的传统的时候，但往后无论在风气方面或制度方面，这种困难都会换来很大的利益。

  生活制度应当是整个集体的经验的结果，自治机构中生活制度的细节的拟定是由于已经成熟的需要，由于已经感到不方便、不明确。

  只有用这种方法，才能使许多生活制度的细节最后明确起来：谁应当比大家起得早？谁应当打扫清洁？打扫之后水桶应放在哪里？谁给学生领取和分发必需的物品、日用品？并且什么时候领取和分发？什么人去注意学生外表的整洁和卫生状况？谁有权把学生从教室或车间叫出来？谁有权决定额外的工作？谁负责俱乐部里的秩序？谁有权支配信号和响铃？送入食堂可以迟到几分钟？谁应当向谁报告关于学生的不良行为、擅自离开和逃跑？

  在建立生活制度的方法方面，在许多教育机关中，领导者本身就害怕把制度贯彻到底。应当把生活制度贯彻到底。特别是在儿童之家和工学团中，不能使制度变为硬性的规定。因此在制度方面容许矛盾存在，这些矛盾都是按个别不同的情况来解决的。例如饭开迟了，延迟了上班的信号，于是发生一个问题——怎么处理？通常是这样办：发出上班的信号，但迟吃早饭的人允许迟到。这种办法是不正确的，因为这种办法批准了在一个地方（厨房里）可以没有秩序，同时也就批准了其他的地方（生产部门）也可以没有秩序。而在这种情形之下，必须这样处理：或是延迟上班的信号，或者，最好是缩短吃早饭的时间。

  在任何情况下，生活制度都不应当和军事训练结合起来。排队，口令，军事服从，在教育机关中进行操练——这一切在儿童和少年的劳动集体中是最无益的形式，与其说军事训练能加强集体，不如说它使儿童的身心疲劳。[1]

3. 军事训练

不少教师意识到缺少集体意识，并且为此感到灰心。为了改变这样的现状，我"出于不自觉的教育本能"，急切地开设了军事课程。

以前我就给学童们上过体育课和军事课。我从来不是一个体育专家，但是我们没有力量去聘请这样的专家。我只知道军事操练，只知道连队的战斗队形。可是我没有丝毫的顾虑，从教育学的角度考虑也没有感到丝毫的不安，就教孩子们做起这一切有益的操练。

学童们高高兴兴地开始这样的课程。每天工作完毕之后，全体学童就在操场上——那是一个宽大的正方形的院子——操练一两个小时。随着军事知识的增加，我们渐渐扩大活动的范围。到冬天的时候我们的散兵线就常在我们这一带富农庄园的领域上举行非常有趣而繁复的军事演习，我们阵容非常壮观地、合乎规则地向着个别的目的物——小屋和谷仓——举行进攻，最后来一个上了刺刀的冲锋，把小屋的主人主妇们的易感的灵魂吓得战战兢兢。居民们躲在雪白的墙壁后面，一听到我们威武的呐喊，就跑到院子里，赶紧锁上耳房和披屋，把身子贴在门上，用惊惶的目光嫉妒地盯着学童们的整齐的队伍。

孩子们非常喜欢这一切，不久我们就有了真的武器。在上课的时候，我就像一个真正的指挥员，要求严格，铁面无私。孩子们对这种情形也非常赞成。后来成为我们全部音乐里的基本旋律之一的军事游戏，就这样奠下了基础。

我首先注意到了正确的军人姿势的良好影响。学童们的外表和以前大不相同了：他们变得比较整齐，比较纤瘦了，他们不再倚着桌子，靠着墙，他们能够安详自在地站着，不必东倚西靠。这些面目一新的学童已经和旧的学童有了显著的区别。

---

[1] 马卡连柯著, 刘长松译.马卡连柯全集 (第五卷) [C].北京: 人民教育出版社, 1956.35—36.

他们的步伐变得更坚定有力,他们开始把头抬得更高,并且改掉了 把手插在衣袋里的习惯。

学童们对军事制度简直入了迷,他们发挥了男孩子们喜爱航海生活和战斗生活的天性,对这种制度有了许多贡献和发明。就在这个时期里,教养院里定下了一条规则:对于一切命令都要回答一声"是",表示确认和同意,同时还要行少先队员的举手礼来强调出这个好听的回答。也是在这个时候,教养院里开始用铜号。

在这以前,我们一直是用童犯教养院留下的那口钟打钟做信号。现在我们买了两支铜号,有几个学童每天进城到乐队队长那里去学习吹铜号。后来规定了教养院生活程序的各种信号,到了冬天,我们就索性把钟拆掉。现在号手每天走到我的办公室前面的台阶上,把响亮动听的号声送到整个教养院。

在夜晚的静谧中,号声在教养院上空、在湖上和农舍的屋顶上空飘过,听起来分外动人。有人站在寝室打开的窗口,用青春嘹亮的男中音唱出那信号的乐调,又有人忽然弹起钢琴来。[1]

专门的军事教育和军事操练是教育、教养工作中非常重要的部分。同时,它有它自己的进行方法。军事课业必然可以提高集体的一般遵守纪律的风气,虽然有这些意义,但马卡连柯视它只不过是一般纪律教育过程中的一部分,因此,无论出于何种动机,都不能将军事的方式照搬于教育,甚至统治教育。因为,教育应当有自己的方式。

二、惩罚的影响和方法

马卡连柯认为,正确地和有目的地应用惩罚是非常重要的。优秀的教师利用惩罚的制度可以做很多事情,但是笨拙的、不合理的、机械地运用惩罚会使

---

[1] 马卡连柯著.许磊然译.教育诗[M].北京:人民文学出版社,1957.230—232.

教育的一切工作受到损失。而在马卡连柯几十年的工作经历中，他也做到了惩罚的合理运用，他卓著的教育成绩是与惩罚的科学运用分不开的。

在惩罚问题上，马卡连柯认为不能定出一般的方案。因为每一种行为都是带有个别性质的，任何一个教育事件都是在特定的场合下发生的，尤其具有特殊性。这决定了惩罚作为一种教育手段，在运用上也是极具场合性的。在某些情形下，即使学生的行为造成了非常严重的后果，用口头责备就是最正确的了。而在另一些情形下，可能学生的行为造成的损害并不大，但是却应给以严厉的惩罚。所以，惩罚的实施不具备普适性，教师应该根据具体情况具体分析。

教师为了正确运用惩罚和其他影响方法，必须精通惩罚的原则。如果他不知道和不理解这些原则，他就不能当教师。

我们的惩罚的出发点是整个集体：在狭义上说，集体就是分队、工作队、班、儿童教育机关，在广义上说，集体就是工人阶级、苏维埃国家。

我们的惩罚就非得满足如下的要求不可：

①惩团不应该只是使人身体上受痛苦。

②只有被惩罚者理解到全部的问题是集体保护公共的利益的时候，换句话说，只有他知道集体要求他什么和为什么要求他的时候，惩罚才是有意义的。

③只有集体利益真正被破坏，并且破坏者轻视集体的要求，公然而且有意地进行这种破坏的时候，才应当使用惩罚。

④在某些情形下，如果破坏者声明，他服从集体命令，准备以后再不重复自己的错误（当然，只要这种声明不是显然欺骗的话），惩罚应当取消。

⑤惩罚的内容本身并不重要，重要的是惩罚事实的本身以及表现在这一事实上的集体责备。

⑥惩罚应当是教育。被惩罚者应确切认识，为什么要惩罚他，并且理解到惩罚的意义。

必须做到，在教育机关中，只有教导主任和机关领导人才有权进行惩罚。其他任何人都没有权力进行惩罚，更通常的办法是用自治机构——队长会议、全体大会——的名义来进行惩罚，但在所有这些情况之下，教导主任首先是对惩罚负责的，任何一种惩罚都不应当不通知他和不跟他商量就施行，而且如果教导主任没有提议施行惩罚，任何人也不应动手施行惩罚。

教导主任应当很清楚地熟悉全体学生，知道他们在生产、学校和集体中的情况。如果学生犯过，应当考虑到学生在集体中以前的历史，考虑到他的性格，考虑到对他已经采用的影响方法。

无论如何，在加以惩罚之前，必须和学生进行谈话。所有这些谈话所涉及的应当是学生的行为，而不是立即采取惩罚的形式。这些谈话可以有如下的方式：

1. 在犯过之后立即进行谈话，并且邀请年长的同学参加，谈话应当是简短的、严肃的和正式的，并且要求犯过者加以解释。如果这些解释不能使人满意。应当直截了当地告诉学生，应当怎样做。在这种谈话中，必须提出特别的证据说明学生的错误，因为在场的学生自会竭力证明一切；

2. 单独的谈话也是在犯过之后立即进行的，这种谈话应当比较严厉，同时要有较多的分析，然而这种分析应当是代表集体说明理由的抗议。谈话应当指出犯过所造成的危害，指出破坏者的政治上的落后。谈话中可以提出要把问题提交全体大会的警告；

3. 展缓的谈话。这种谈话也应单独地或者在少数人参加之下，在犯过的当天晚上或翌日进行。犯过者应当事先知道，他在某一时间将被请去谈话。有时这种邀请需要给他送条子，以便只有犯过者知道要进行谈话。这种方式使犯过者在等待谈话的时候，自然而然地就会心中感到不安，反复思索自己的行为，和同学们商谈。谈话应当在夜间较晚的时候进行，以便谈话不致中断。谈话的声调应当是和蔼的，详细地分析问题，细心倾听对方的解释，无论如何不要微笑，不要嘲笑，也不要开玩笑。在谈话中应当很好地向学生说明他的行为对于他自己和对于集体的害处，给他举出实例，介绍他应该读什么书。有时由于谈话的结果，特别是学生承认了自己的过失的时候，而且过失并不小，可以给他处分。

在某些情形下，可以委托两三个年龄较大的学生进行这样的谈话，然后问他们谈话的结果如何。

对于某些情形，相反地，不需要做任何谈话，而是立刻宣布施行惩罚的命令。

如果学生有意破坏集体利益，如果他公然表示不愿意服从规则，如果任何谈话都无效，应当把他交给队长会议或全体大会，应当让集体成员制裁犯过者。在这种情况之下，必须予以公开的处分。

处分首先应当具有谴责的性质。

有时大会简单地决议：某某学生的行为不对，应当这样做。这也是有益处的。这种全体大会上的道德决议容许用特殊严厉的形式，特别是当犯过者表现顽强的时候，当他做出可耻的、糊涂的、自私的行为的时候。

在捷尔任斯基公社的实践中，有过这样性质的决议：

委托彼得罗夫（公社中年纪最小的一个）向伊凡诺夫（成年人）解释，应当怎样做。

休息日两点至两点半的时间，伊凡诺夫应当好好地想想他的行为是多么不像一个同志的行为。

3月15日——经过三个月之后——让伊凡诺夫在全体大会上发言，谈谈他今天的行为是否正确，在全体大会上与其说是犯过者发言，不如说是对大家发言。向大家提供行为的分析，最明确地提出集体和工人阶级的利益，指出儿童教育机关的道路和任务以及全体成员对集体的义务。

比一切过失都严重的过失就是捣乱行为，在生产和学校中的工作很坏，偷窃，酗酒、欺负弱者。如果新生偷窃，不应施以很大的压力，捷尔任斯基公社里对于新生的偷窃行为简直不予处分，而这会给他以最强烈的印象。

只是向他说明，为什么在集体中不能偷窃，给他指出新的道路，设法把他安置到由于他的体力不可能进行偷窃的位置上，监视着他。

但是对待旧生的偷窃行为，应当采取最坚决的办法，初犯可以在全体大会上作为讨论的对象，以查明偷窃的原因。可以给予处分（取消假期、收回身上的钱，赔偿损失，调到新生的工作队里等等）。如再次偷窃，应采取最后的办法：立即逮捕送交法院。

即使学生诚恳悔过，答应不再偷窃，但如果是第二次偷窃，不给予处分也是不可以的。如果不把学生送交法院，但对他也要给以送交法院的警告。

酗酒在集体中也应严格追究。第一次酗酒，应当采用以下影响方法中的一种：

不经队长允许没有用钱的权利。

没有固定陪伴的人不得休假。

晚间和休息日特别加以监视。

第二次酗酒应当引起更加坚决的抗议，甚至予以开除的处分。

教育机关中的这种开除，可以带有临时送到自己范围以内的收容所拘留一定时期的性质，在执行工作队的工作中，如果收容所给予良好的鉴定，学生就可以返回工学团。无论是偷窃或酗酒，全体大会可以决议延长到一定的期限才准予毕业，并记载在个人材料里。

在儿童教育机关中，捣乱行为和欺负弱者应当坚决予以追究。在这种情形下，惩罚是很少益处的，最好采用各种道德上的批评方式——在墙报上利用讽刺画加以讽刺。在捷尔任斯基公社的历史中，对一个暴虐的学生曾做过这样的决定：

如果有人欺压伊凡诺夫，社员全体大会拒绝保护他。

像偷窃、酗酒、捣乱的等行为，并不会使教育机关感到很大的困难，因为这些行为是彰明昭著并且过于突出的。虽然如此，但对教育领导者来说，仍是非常复杂的。例如在儿童教育机关中，偷窃几乎从来不是单独进行的。偷窃现象本身就是一个确证，证明在机关里形成了一帮学生，而且这帮学生的形成是由于领导者的错误。

这就是说有很大一部分学生没有被吸收到生产和文化工作中来，在某分队里、班里，存在着不健全的根源，队长没有尽职。

有时，这帮学生的偷窃勾当是由于某种不公正、生产上的失败、对于集体利益的漠不关心引起的。

酗酒是表示教育领导方面对于学生的生活缺乏周密的了解，表示某些儿童处在机关、集体的影响范围之外，而受到阶级异己分子的影响。

最后，关于惩罚的第三种手段是对较小过失的惩罚，但这种过失又是不能不惩罚的。如上班和进食堂迟到，损坏财物，不服从队长、教师或上级的命令，在分队、班、生产中故意挑衅的行为，粗暴、不礼貌、自由散漫等，都属于这一类。

这些过失最使教育领导者感到困难，因为目前它们还是很多的。

对于这种过失最好是采用使犯过者得到直接后果的方法：在生产工作上迟到——在一定期间剥夺生产工作的权利；工作做得不好——要补做；不整洁——要补做清洁工作；不服从队长或工作队长、在分队里挑衅——把他调到最严厉的队长所领导的队里去。

对学生的任何过失都不应当忽视。应当把这一点当作一个规则，教导部门应当经常登记所有破坏纪律、破坏机关传统和作风的事件，即使是最微小的事件；这种登记的材料应当按各分队、各工作队和各班每周总结一次，并且提到儿童教育机关的会议上（教师的和儿童的）作为讨论的对象。纪律最差的基层集体，应当全体参加集体会议；这个集体的队长应当弄清集体的情况，个别的犯过者应当由他个人负责。

在这样的会议上可以处分个人或整个分队。一般地应当避免处分一个分队或一群犯过者。这样的处分会使早已在犯过行为中互相结合的犯过者团结起来。对于集体犯过者最好采用这样的方法：处分过失最大的一个人，其余的人免于处分，只给予警告。

一般说来，应当尽可能地少处分，只有当非处分不行的时候，当处分显然是有目的的时候，以及公众舆论赞成处分的时候，才应当处分。

还有一种情况是极为重要的：学生所受的处分尽管严厉，但绝不应当超出应当处分的范围。如果已经处分了，不应当再一次提起它。处分应当是把冲突彻底地、毫无保留地加以解决。处分一经完了，就应当用正常的实事求是的态度对待学生。尤其不容许在执行处分时有人嘲笑这个学生，提起他的罪过等等。总之，在处分方面，也和儿童教育机关中其他的生活方面一样，应当经常记住一个规则：尽量多地要求一个学生，也要尽可能地尊重一个学生。

绝对不应当使用剥夺食物或给予很坏的食物的处分；即使学生工作得很坏或者拒绝工作，也不能剥夺他的食物。全体大会只可以做出决议，这样或那样地着重指出他不配进食堂吃饭。

有一个工学团，在这种情况下曾使用过很聪明的办法：在一张饭桌上挂着一张纸条："客座"，让好吃懒做的人坐这张桌子，并给他丰盛的食物。

组织这种集体的讽刺应当非常有分寸，并且只有在很巩固的集体中才能应用。

相反地，为优秀的斯达汉诺夫工作者，而更好地是为先进的分队和工作队改善伙食是可以允许的。这样做的时候，不应当把这个基层集体中那些在工作或行为方面仍然落后的学生除外。[1]

---

[1] 马卡连柯著，刘长松译.马卡连柯全集（第五卷）[C].北京：人民教育出版社，1956.40—44.

第五章　马卡连柯的教育方法体系

一、寓教于乐

在面对这些特殊的教育对象时，马卡连柯也曾出现过无力感，甚至盛怒之下动用了在现代教师看来最不体面的教育方式——体罚。教师们对自己的工作并不熟悉，甚至认为："我们每天的工作都充满了错误，充满了犹豫不决的行动和混乱的思想。在我们面前是一片漫天大雾，我们好不容易才能在这片迷雾里辨别出未来教育生活的片段。" [1] 但是教师们凭着对教育工作的执着和热情，不放弃任何一个教育细节，坚定地改造着每一个学童。"朗诵会""官打捉贼"的游戏培养学童自尊和坚忍大胆的精神。

官打捉贼游戏[2]

晚上在寝室里，伊凡·伊凡诺维奇也肯坐在床上，夹在一帮顽皮的孩子中间玩"官打捉贼"了。这种游戏的玩法是：参加游戏的人每人分到一张字条，上面写着："贼""告发人""检察员""法官""刑官"等等。"告发人"先宣布他幸运地做了"告发人"，然后手里拿起一根绳鞭，努力猜测谁是贼。大家都向他伸出手来，在这些手里面，他一定要用鞭子打中"贼"的手。通常他总是 误打了"法官"或是"检察员"。这些被他冤枉的正直的公民，便按照惩罚诬告的规定，反打"告发人"的手心。如果下一次"告发人"终于猜中了谁是"贼"，他的痛苦就可以终止，那个"贼"

---

[1]　马卡连柯著，许磊然译.教育诗[M].北京：人民文学出版社，1957.94—95.

[2]　马卡连柯著，许磊然译.教育诗[M].北京：人民文学出版社，1957.96—97.

的痛苦却要开始了。这时候由"法官"判决：重打5下，重打10下，轻打5下。"刑官"手持绳鞭，就来施刑。

因为参加游戏者的身份一直在改变，上次做"贼"的人下次会变成"法官"或是"刑官"，所以整个游戏的主要的趣味就在于轮流地吃苦和报复。凶狠的"法官"或是残酷的"刑官"如果做了"告发人"和"贼"，就要受到现任"法官"和现任"刑官"的残忍报复，让他想起他以前给人家的种种判决和处罚。

叶卡吉林娜·葛里高利叶芙娜和李季雅·彼得罗芙娜也跟孩子们玩这种游戏，不过孩子们用骑士的风度对待她们：如果她们做了"贼"，只被判轻打三四下，"刑官"在施刑的时候摆出一副十分温柔的怪相，只用绳鞭在女性的娇嫩的手心里轻轻抚摸几下。

孩子们和我玩的时候，特别注意我的忍受力，所以我除了硬着头皮充好汉之外，没有别的办法。碰到我做"法官"的时候，我给"贼"判的刑罚使"刑官"都要吃惊，而等我施刑的时候，我总要弄得受刑的人失去了自尊感大叫起来：

"安东·谢苗诺维奇，这样可不行啊！"

然而反过来我也是大吃苦头：我回家的时候左手总是肿着；换手被认为是不体面的，而且右手我要用来写字。

伊凡·伊凡诺维奇懦弱地运用女性的战术，孩子们起初对他也客客气气，有一次我对伊凡·伊凡诺维奇说：这样的策略是不对的，我们的孩子长大起来应该成为坚忍大胆的人。他们不应该怕危险，何况是肉体上的痛苦。伊凡·伊凡诺维奇不同意我的看法。

有一天晚上，我跟他在一组，我以"法官"的身份判了他重打12下，下一次我做"刑官"，又无情地用绳鞭唰唰地抽打他的手。他发火了，向我报复。我的"小喽啰"里有人认为对伊凡·伊凡诺维奇的这种行为不能不加以报复，结果弄得他只好换手。

到了第二天晚上，伊凡·伊凡诺维奇企图回避不参加"这种野蛮的游戏"，但是学童们一致嘲笑他，使他不好意思不来参加。后来伊凡·伊凡诺维奇光荣地通过了考验，碰到做"法官"的时候不讨好别人，做"告发人"或是做"贼"的时候也不示弱了。

解析：这是一个鲜活的日常教育场景。马卡连柯把自己的教师身份搁置在一边，成为游戏的一分子。他在游戏中勇敢、坚忍，不知不觉影响着参加游戏的每一个人，并且潜移默化地成为学生的模仿对象。通过游戏培养学生的自尊感和坚忍的品质。自尊感是道德感的一部分，坚忍是每一个人都应该具备的基本品质，缺乏自尊感和坚忍的精神就不会有荣辱感、责任感和不屈不挠的行为作风，甚至于自暴自弃成为一个不负责任和不求上进的人。[1]

如何让学生能够自愿地接受教育影响，接近教师，那就是以平等和民主来使学生获得学生的尊重。

《教育诗》一节"献身教育的人"中叙述了这样一件事：奥西波夫妇初来教养院的时候，对于学童们非常厌倦，他们不喜欢这里的教育对象，因为他们不仅作风散漫，卫生状况也不好。依照教养院的规则，值日教师必须和学童们一起吃饭，可是奥西波夫妇却坚决地声明：他们不愿意跟学童们同桌吃饭，因为他们无法克制自己的厌恶之感，而且晚上在寝室值班时，宁愿站着度过值班时间，也从来不坐学童的床，他们认为学童们满床都是虱子。这样的疏离感使那些顽劣的学童们总是给他们制造麻烦，碗饭里的小虫子，自己床上的死老鼠……不一而足。奥西波夫妇不得不过了一段心惊肉跳的日子。好在一段时间过后，他们终于改变了对学童们的态度，认识到了和教育对象平等交流的重要性，不仅跟学童们同桌吃饭，而且连随身带自备汤匙的习惯也改掉了。从桌上公用的普通木勺中取一只，只用手指在勺子上摸一下就算了。晚上在寝室里也肯坐在床上，夹在一群顽皮的孩子中间玩"官打捉贼"了。

---

[1]　马卡连柯著，许磊然译.教育诗[M].北京：人民文学出版社，1957.96—97.

二、平行影响

高尔基教养院已经看到的办学成就,许多学童升学,留下的学童干净整洁,纪律严明,团结互助,充满希望和斗志。他们有共同的思想、传统、经验、理想和习惯,是一个坚不可摧的集体。但是,不幸的是,高尔基教养院在憧憬更美好的明天的时候,我接受了人民教育委员的委托,接管了库利亚日教养院。高尔基教养院要离开旧址,抛弃被鲜花和柯洛马河装饰的那样美丽的生活,撇下拼花地板和高尔基人亲手恢复的田庄,收拾起所有的全部产业,运往库利亚日。[1]

我怀着忧虑和担心,率领先头混合联队来到了库利亚日。初到库利亚日,我相信,好的孩子可以对坏的孩子逐渐起好的影响。可是我已经知道,到了组织形式松弛的集体里,哪怕是最好的孩子也很容易变成野蛮的小野兽。[2]

这是一个非常令人头疼的被称作"强盗窝"的地方。在大路上就抢劫!光是在教养院里面,四个月就偷了值一万八千卢布的东西。[3]弥漫在库利亚日教养院的是厕所、菜汤、粪便和……教堂里烧香的气味的复杂混合物,还有形容憔悴、样子平常的教养院院长,早就被烧掉的门和地板,甚至连一部分大车也被烧掉了。在摇摇欲坠的肮脏的床上,有一堆堆乱七八糟的垃圾似的破布上,坐着几个流浪儿童,真可说是蔚为大观的真正的流浪儿童,他们裹在同样的破布里设法取暖。四处的角落里,甚至床与床之间的过道里都是粪污。[4]库利亚日的孩子们大多是在13岁到15岁之间,但是形形色色的遗传症已经在他们的外貌上打下了深深的烙印。库利亚日的孩子们不知道什么是生活。他们的天地没有越出,他们出于一种懒洋洋

---

[1] 马卡连柯著,许磊然译.教育诗[M].北京:群众出版社,1981.168—169.

[2] 马卡连柯著,许磊然译.教育诗[M].北京:群众出版社,1981.179.

[3] 马卡连柯著,许磊然译.教育诗[M].北京:群众出版社,1981.163.

[4] 马卡连柯著,许磊然译.教育诗[M].北京:群众出版社,1981.165.

的、没精打采的反射而向往着的食品单。需要在一群和他们一样的小野兽中间拼命地挤过去抢一锅饭菜——这就是他们的全部任务。一个分发面包的孩子，一个胳肢窝里夹着面包，面包皮已经被剥去了一半。他的整个袖子都泡在菜汤里，袖子上的汤直往下滴，一直到肩膀上都是小块小块的卷心菜和甜菜。他们的裤子破破烂烂，他们把手插在两腿之间，坐在那里热东西吃。又有人在捉虱子，有的聚作一堆在角落里赌钱，有的在把熏得乌黑的锅底剩下的冷菜汤喝完。谁也不来理会我的到来，仿佛我是在这个世界上不存在的。

甚至连把库利亚日的学童集合起来都变得非常困难和不可能，因为这里的学童懒散惯了，极其无组织无纪律。五点钟开全体大会，出乎意料的是，来到俱乐部参加会议的库利亚日学童相当多。我简短地讲了高尔基教养院的情形、教养院的生活和工作，也简短地描述了我们的任务：清洁、劳动、学习、新的生活、新的人类幸福。我得不到反应活泼而注意的听众的支持，很快就感到疲倦。我好像是在对着一些橱柜、木桶和木箱说话。

我向札陀罗夫投了一瞥。他看到我的困惑的神情，对我笑了笑，把手放在我的肩上说：

"没有关系，安东·谢苗诺维奇，会过去的！"

我渐渐认识了库利亚日的孩子们的脸，已经可以懂得一些他们的面部表情。许多孩子都怀着遮掩不住的爱慕望着我，对我展露出唯有流浪儿才有的那种充满真诚和腼腆的可爱的笑容。我已经叫得出许多孩子的姓名，还辨得出几个孩子的声音。

左连和米季卡，还有头发蓬乱、为人机智的索布谦柯，满脸心事重重的瓦西亚和性情温和的黑脸的谢尔盖，都皱着眉头，带着忧愁的微笑在我周围徘徊，但是却不能干脆转到我这一面。

每个人都在等待着。这种情形是一目了然而且完全可以理解的。他们在等待着那些神秘得好像不是肉体凡胎的、不可理解的、具有一股无形的吸引力的高尔基人的到临。

柯罗特柯夫也在等待着。他是库利亚日传统的首脑。他是一个卓越的外交家。在他的举止谈吐里面，决不让人挑出一个举动、一句话，或是一个字来责备他。他的过失决不比别人多：他不过是像大伙一样，不去干活而已。先头混合联队的队员，个个对柯罗特柯夫都是又气又恨，大家都毫不怀疑，柯罗特柯夫是我们在库利亚日的主要敌人。

5月15日我接到一份来电：

明晚全体乘火车动身，拉波季。

晚餐时我宣读了电报，说：

"后天我们就要和我们的同学们见面。我非常非常希望大家像朋友那样欢迎他们。因为从此你们就要一同生活……一同工作。"

女孩子们像暴风雨欲来之前的小鸟似的，惊惶地寂静下来。形形色色的小家伙们斜过眼来望着同学的脸；有好些脸上的嘴巴张大了，这种情形大约维持了一秒钟。

在靠窗那边的角落里，桌子四周摆的不是长凳而是椅子的那个地方，柯罗特柯夫一伙人忽然乐不可支，纵声大笑起来，显然是交换了些什么俏皮话。

17日清晨，我到离哈尔科夫36公里的柳包金车站去迎接高尔基人。

我在月台上来回踱着，有时朝库利亚日的那个方向望望，想起敌人今天已经显露出某些胆怯的迹象。

今天虽然起身很早，教养院里却已经有人来来往往。不知为什么有好些人拥在"少年之家"窗前，还有人把水桶撞得咚咚作响，到山坡下的"奇迹"泉去汲水。左连和米季卡两个站在搭着钟楼的大门口。

我吩咐高罗维奇，让库利亚日人列队站在院子迎接高尔基人，并且向旗帜致敬，但是不必施特别的压力，只要邀请一下就行了。

高尔基教养院的学员们下了火车，赶往库利亚日。一路上要穿过一块草地，走过架在一条僻静的小溪上的小桥。我们是6个人一排：前面是4名号手和8名鼓手，他们后面是我和值日队长塔拉涅茨，我们后面是旗队。旗帜还套着套子，一缕缕的金穗从它的闪闪发光的顶梢垂挂下来，在拉波季的头上飘动。拉波季的后面是穿着一式白得耀眼的衬衫的学童的队伍，他们的光腿随着青春的节拍起落着。队伍当中是四排穿着蓝裙的女孩子。

有时我稍稍离开队列片刻，我就看出，学童们的体态突然变得更为整体、更为有弹力了。尽管我们走的是寂寞无人的草地，他们还是严格地走得步伐整齐，有时在土墩上绊了一下，又连忙改正步调。只听见鼓声咚咚，今天的铜鼓进行曲没有使我们的意识昏昏欲睡，也没有使我们的起伏的思潮平静下来。相反地，我们越走近库利亚日，鼓声仿佛也越发有力和严格，令人不仅愿意使步伐随着它的节拍，甚至连心脏的每一下跳动也服从着它的严厉的规则。

旗手的行列顺着山坡往上走，——寺院的大门已经就在眼前。从门口跑出了穿着短裤的万尼亚（库利亚日教养院的学童），他站在那里像生了根似的愣了一下，接着就箭也似的从山坡上朝我们冲下来。我倒被他吓了一跳：以为又出了什么事，但是他跑到我跟前就猛然站住，含着眼泪，用一个指头在颊上揩拭着，恳求我说：

"安东·谢苗诺维奇，我要跟您一块走，我不愿意在那边站着。"

"来吧。"

万尼亚和我排齐，昂起了头，注意地和我步伐一致地走着。后来他发觉了我的凝视，就擦掉眼泪，轻松地吐出他的激动，热情地笑了。

震耳的鼓声冲进了隧道似的搭着钟楼的大门。数不清的库利亚日人列成几排站着，高罗维奇端然不动地站在他们前面，向我们举手致敬。

高尔基人的队伍和库利亚日的人群面对面地站着, 相隔七八公尺。高罗维奇仓促排列起来的库利亚日人的行列, 当然不能耐久。我们的队伍刚站定, 两头弯弯曲曲, 使我们严重地受到两翼被围以致团团被包围的威胁。

库利亚日人和高尔基人都沉默着: 前者是因为有些惊愕, 后者是因为排队站在旗帜跟前要遵守纪律。直到目前为止, 库利亚日人看到的都是些永远穿着工作服、脸也不洗、满身尘土、样子十分疲惫的先头混合联队里的学童。此刻在他们面前肃立的是一排排严整的队列——精神贯注的平静的脸, 裤带上闪闪发光的搭扣, 灵便的短裤下是一排晒黑的光腿。

我极力想用非人所能忍受的紧张, 在若干分之一秒的时间里抓住这群库利亚日人面部表情里的某种基调, 并且将它铭刻在头脑里, 但是我没有能做到这一点。这已经不是我初来库利亚日时看见的那个面无表情、单调乏味的一群。我的目光从这一堆人移到那一堆人的脸上, 遇到的都是愈来愈新的表情, 常常甚至完全出乎我的意料。只有少数几个人保持无动于衷的、中立的、平静的状态。大部分的小家伙们公然流露出无限的叹赏——好像他们看到的是一样美得叫人恨不得把它抓到手里的玩具, 但那玩具的美却既不使人嫉妒又不伤害人的自尊心。米季卡和左连互相搂抱着, 头靠头地站在那里望着高尔基人, 好像是在梦想着什么美好的东西, 也许是在梦想有一天也要站在同样令人看得入迷的队列里, 也会有一群沉湎在幻想中的"自由的"小家伙用这样充满羡慕的眼光望着他们。还有许多脸上掠过了急遽的感情的变化。经过几十分之一秒的时间, 他们已经透露出自己的心事: 赞许、喜悦、怀疑和羡慕都轮换着表现出来。可是事先准备就绪的挖苦的神气、讥笑和蔑视的神气却在很慢很慢地消融。我们的鼓声还在老远鸣响的时候, 这些人就已经把手插在衣袋里, 弯扭着身子, 摆出一副懒洋洋的倨傲的姿态。但是他们之中有好些人当场就被前面几排高尔基人——费陀连柯、柯雷托、涅契塔依洛——的雄伟的身躯和结实的筋肉吓得败下阵来: 相形之下, 他们的身体都像是软绵绵的。

其余的人要过一会才感到惊惶，因为到那时候情形已经摆在眼前：你哪怕去碰一下这120个人里面最小的一个，他们也不会饶了你。而最小的孩子西宁基就站在前面，他把号筒放在膝头上，眼睛那样无拘无束地流盼着，仿佛他不是昨天的流浪儿，而是一位出外旅行的王子，在他后面屏息肃立的是他父王赐他的豪华的仪仗队。

这种默默相对的情形只不过继续了几秒钟。我必须立刻消除这两个阵营之间7公尺的距离和这种相对而视的情形。

"同志们！"我说，"从这一分钟起，我们全体四百个人就成为一个集体，它的名字叫作：高尔基劳动教养院。你们每一个人都必须时刻记住这一点，每一个人都应该知道，他，一个高尔基人，应该把另外一个高尔基人看作是自己最接近的同志和最要好的朋友，一定要尊重他，保护他，尽力帮助他，如果他需要帮助；纠正他，如果他犯了错误，我们要有严格的纪律。我们需要有纪律，因为我们的事业很艰难，我们的工作又很多。如果我们没有纪律，我们的工作就做不好。"

库利亚日人听我讲话时那种出人意外的注意的神情使我感到惊奇。倒是高尔基人的注意力反而不太集中，也许因为我的话对他们没有什么新的启发，这一切早就在每个人的头脑里牢牢地生了根。

但是，就是这些库利亚日人，为什么在两星期前把我对他们说的更为热情得多、有说服力得多的话当作耳边风呢？这个教育学真是一门难死了人的学问！他们现在留神听我讲话，总不会仅仅是因为有高尔基人的军团做我的后盾，或是因为在这个军团的右翼庄严肃穆地竖着套着缎套的旗帜吧？这不能成为理由，因为这样的解释会跟一切的教育定理和教育理论相抵触的。

当我宣布"解散"的时候，我预料高尔基人会走到库利亚日人跟前，伸出手来和他们握手，但是事实并非如此。他们从队伍里飞散开来，飞也似的奔往寝室、俱乐部和工场。库利亚日人并没有因为人家的冷淡感到生气，也跟着跑了过去。只有柯罗特柯夫站在他的亲信当中，低声谈着什么。

半个小时后，我命令西宁基吹号集合。

西宁基把军号对着寺院的十字架，用一阵令人兴奋而惊心的、清晰的断断续续的声音撕破寂静。

学童们三五成群，纷纷从边屋后面、板棚后面和寺院的围墙后面走出来，向俱乐部走去。小家伙们常常忍不住要奔跑过来，但是各种意外的印象马上又使他们放慢脚步。高尔基人和库利亚日人已经混在一起交谈着，从种种迹象看来，谈话是带有劝谕的性质。大部分库利亚日人还是待在一旁，跟人落落寡合。

若尔卡（高尔基教养院的学童）走上祭台，准备宣读我们大家称为"宣言"的那份东西。这是高尔基人的共青团里通过的一个决议。

列宁共产主义青年团高尔基劳动教养院支部

一九二六年五月十五日决议书

一　原来高尔基人的各个联队以及在库利亚日新成立的各个联队均被解散，立即组织二十个新的联队，成员如下……（若尔卡宣读了分派在各个联队的学童的名单，并且读了每队队长的姓名。）

二　队长会议书记仍为拉波季同志，总务主任为库德拉狄，仓库管理员为阿历克塞·伏尔柯夫。

三　队长会议应将本决议所拟定的一切付诸实施，教养院彻底整顿后，在规定庆祝的"第一束收获日"那天交给教育人民委员部及区执委会的代表。

四　迅速地——至迟在五月十七日傍晚以前，——将前库利亚日教养院学童的全部衣服、内衣、被褥卧具、手巾等等，不拘公家或私人所有，一律收回，当天消毒，然后修补。

五 所有学生和学童,每人发给短裤一条和无领衬衫一件(均由原来教养院的女学童缝制),第二套衣服一星期以后再发,第一套即交还洗涤。

六 所有学生,女生除外,一律剃平头,剃发后即可领到鞑靼式小帽一顶。

七 全体学生今天必须设法找地方洗澡,洗衣室交女学童管理。

八 在前学校内的新寝室装修完毕以前,各个联队夜间都不在寝室里睡觉,而是睡在室外,睡在树丛下面或队长选择的地点。

九 睡觉时一律使用原来高尔基教养院带来的草垫、枕头和被褥,各联队按原有的卧具自行分配,无论多少,不得争论。

十 不得因为没有卧具或其他原因而口出怨言或诉苦,应该找合理的办法来解决问题。

十一 进餐时以联队为单位分为两批,各联队之间不得相混。

十二 务必严肃地注意清洁。

十三 八月一日以前,除缝纫工场外,所有其他工场概不开工,而是从事下列各项工作:

拆除寺院的围墙,用拆下的砖头造一所可容纳三百口猪仔的猪圈。

油漆所有的门、窗、栏杆和床。

从事田里和菜园里的工作。

修理全部家具。

在院子里和四面的山坡上进行大扫除,然后铺路、造花房和温室。

给全体学生每人缝制好的衣服一套,购买过冬的皮鞋一双,夏天一律赤脚。

清除池塘,以便在里面洗澡。

在南面的山坡上开辟一个新的花园。

准备工厂里使用的车床、材料和工具,以便在8月1日开工。

宣言的形势虽然朴质无华,可是对每个人都给了极其有力的印象。连我们这班宣言的起草人,听了它的毫不徇情的明确性和它对行动的严格要求,也不禁深为惊讶。这个宣言的坚决的字句,甚至在许多高尔基人听来都很新鲜;至于库利亚日人呢,听到若尔卡宣读的宣言,更是个个惊奇地目瞪口呆了。在宣读的时候,有人还轻声向旁边的人询问他没有听清楚的字,有人惊奇地踮起脚尖来四面张望,有人在宣言最有力的地方甚至说出了:"啊呀!"可是在若卡尔宣读完毕的时候,大厅里却寂静无声,在寂静之中胆怯地提出了几乎不可觉察的无声的疑问:怎么办?往哪里跑?服从呢,提出抗议呢,捣乱呢?鼓掌呢,笑呢,还是大骂呢?

若尔卡谦逊地折好宣言稿。

拉波季走进台口说:

"大家都明白了吗?"

"都明白啦!"四面角落里都有人喊着说。

"好吧,既然都明白了,我们可要直说了。这个决议,当然,是不大……讨人喜欢的。不过我们的全体大会还是要通过这个决议,没有别的办法。"

他突然无可奈何地把手一摆,含着突如其来的伤心的呜咽说:

"来表决吧,若尔卡!"

全场都不住地哈哈大笑。若尔卡朝前伸出手来,说:

"我来表决:赞成我们这个决议的,请举手!"

许许多多的手臂都举了起来,好像是一座森林。我仔细对我全部的群众一行一行地看过去。全体,包括站在门口的柯罗特柯夫那一伙人,都举手赞成。女孩子们偏着头微笑着,带着庄严的神情举起粉红的手掌。我心里非常诧异:柯罗特柯夫那一批人为什么要举手赞成呢?柯罗特柯夫本人倚墙站着,耐心地一直举着手,以便镇静地打量着站在台上的我们的那些人。

若尔卡宣布表决的结果。

"赞成通过共青团支部的建议的，354票。反对的——没有。所以我们认为是一致通过。"

高尔基人含笑互相交瞥着，鼓起掌来，库利亚日人怀着被炽燃的感情响应了这种对他们是颇不习惯的表现方式，也许，自从寺院落成以来，在它的圆拱之下还是破题儿第一遭响起人类集体的这种充满喜悦的轻快的鼓掌声。小家伙们又开手指久久鼓掌不息，一会儿把双手举在头顶，一会儿又移到耳朵旁边，一直拍到札陀罗夫上了台。

我没有注意他的到来。显然他是从雷若夫搬了东西来的，因为他抹了一脸和一身的白粉。此刻也像平时一样，他在我心里唤起了一种无疵的纯洁和单纯开朗的喜悦之感。此刻，他在大伙的注视下，首先也是呈上了他的迷人的微笑。

"朋友们，我想说几句话。我想说的就是：我是第一个高尔基人，资格最老，有一个时候也最坏。安东·谢苗诺维奇一定记得很清楚。但现在我已经是工艺学院大一的学生。所以请你们听我说：你们方才通过了一个很好的决议，说实在的，是一个非常出色的决议，但是很难，真人不说假话，真是难得很！"

说着他就好像为难似的直摇头。会场里发出了亲切的笑声。

"不过难不难反正是这么回事。你们既然通过了，就不能反悔。这一点一定要记住。此刻也许有人心里在想：通过是可以的，执行不执行将来再说吧。如果有人这样想，他就不是人，这比坏蛋还不如。按照我们的规矩，要是有人不执行全体大会的决议，那他只有一条路：请他走出大门！"

札陀罗夫紧抿着抹了白粉的嘴唇，把拳头高举过头顶。

"赶他出去！"他厉声地说着，一面放下拳头。

大家都屏气凝神，等待着新的恐怖，这时卡拉邦诺夫已经在人群里挤过来，他也是抹了一脸一身，不过是黑色的。他问道：

"怎么来了之后大家都这么垂头丧气？音乐呢？"

包罗夫依猛然拉长手风琴，奏起一支独特的、忽断忽续的、好像蹦蹦跳跳的舞曲。谢苗把胳膊一挥，马上迅速而奔放地摆出个蹲坐的姿势。娜塔莎的睫毛忽然在绯红的双颊上面挥舞了几下，后来又垂下来了。她对什么人也不看，像船儿离岸似的轻盈地飘了过去，只有节日穿的朴素的裙子上熨平的裙褶微微波动着。

我朝四面瞧望了一下，看见柯罗特柯夫正一本正经地眯缝着小心谨慎的眼睛，一个几乎不可觉察的阴影从他的洁白的额头飞到惊惶不安的嘴边。他咳嗽一声清清喉咙，一回头发觉了我的注视，忽然在人群里向我挤过来。我们中间还隔着一个人，他就向我伸出手来哑声地说：

"安东·谢苗诺维奇！今天我还没有向您问好呢。"

"你好。"我鄙视着他的眼睛，笑笑说。

他转过脸去看了看跳舞，又硬着头皮望了望我，把头一甩想装出高兴的口吻说几句话，结果还是像原来一样哑着喉咙说了一句：

"这些坏蛋，舞跳得真是不错！……"

散会后，有一群人谈得眉飞色舞，嘻嘻哈哈地从大门里走出来，我的心里便又充满了喜悦。这是第八联队，因为我看见打头的是费陀连柯的塑像似的健美的体格，因为我看见柯雷托、涅切塔依洛、奥格乌夫都在这里。我的目光不由怀着疑惑的神情停留在几个完全陌生的人身上，因为我觉得一向看惯的高尔基人的服装穿在他们身上显得很别扭。最后我才渐渐明白，原来这都是过去的库利亚日人。这就是我们花了两星期的时间来筹备的变容。[1]一张张洗得干干净净的脸，男孩子新剃的头上戴的折痕犹新的鞑靼式丝绒圆帽。还有那最主要和最可喜的东西：刚刚制就的充满愉快和信任的目光，在一个摆脱了虱子的、服装整洁的人身上刚刚萌芽的优雅的姿势。

---

[1] 变容是指耶稣在高山因受圣灵感应的影响，"脸面明亮如日头，衣裳洁白如光"。见《新约全书》《马太福音》第十七章第一节至第七节。这里指的是库利亚日学童改变面貌。

一早就从城里接来的4位理发师被安顿在马房后面的野草丛中。库利亚日的痂壳渐渐从库利亚日人身上一块一块地剥落下来，证实了我一向所持的那个观点：库利亚日的孩子们原来跟普通的孩子一样，活泼、爱说话，总之是些快乐的人。

我看到，孩子们是带着怎样真心的喜悦欣赏自己的新衣，带着出人意外的顾影自怜的姿态拉平衬衫上的折痕，把鞑靼式圆帽拿在手里转来转去。[1]

三、尊重和信任

师生之间良好的工作关系表现为教育活动中教师和学生的协调一致，双方在严肃、认真、友好、民主、合作的气氛下顺利地完成教育教学任务。这种良好工作关系的建立，首先取决于教师的教育水平和教育能力。具有较高教育水平的教师，能够有效地控制整个教育过程，建立起既不专职又不放纵的民主平等的工作关系。

谢苗是一位犯过很大过错的学生。在进教养院之前就曾经持械抢劫过，到了教养院之后他忠诚地追随一位有偷窃习惯的学生，抵制教养院的生活，对待马卡连柯也很无礼，最终被驱逐出教养院，过着瘪三的生活。当教养院的农业生产进行得热火朝天的时候，谢苗突然回到教养院了。

孩子们用热烈的拥抱和亲吻来迎接他。他好容易挣脱了他们，跑来看我：

"我来看看你们过得好不好。"

谢苗在教养院里一直逛到傍晚，还过去看了特烈普凯，晚上又来看我的时候，他神情抑郁，沉默寡言。

当问他今后打算怎么办的时候，他迟疑不决地动了一动，然后走近了我。

"您看，安东·谢苗诺维奇，"他冲口说了出来，"您看我要是留在教养院里怎

---

[1]　马卡连柯著，许磊然译.教育诗[M].北京：群众出版社，1981.236.

么样？啊？"谢苗很快地瞥了我一眼，然后把头一直垂到膝部。

我简单地、高兴地对他说：

"那有什么问题？当然，留下来吧。我们大家都会感到非常高兴。"

谢苗从椅子上跳起来，由于克制着强烈的感情而全身战栗着。

"我憋不住了，您懂吗？憋不住了！头几天还勉强可以，后来可不行了。不管我走路也罢，工作也罢，吃饭也罢，只要一想起这里，就忍不住要哭！我老实对您说吧：连我自己都不知道，我怎么会这样念念不忘地想着教养院。我起初以为，过会儿就会忘了，可是后来又想，我一定要去一趟，就是去看看也好。我来到这里，看见了你们这里进行的工作，你们这里真是好极了……"

"不要这么激动，你怎么啦？"我对他说，"你应该马上就回来的。何必这样苦恼呢？"

"我自己也是这么想，可是一想到过去那些丢脸的事，想到我们对您多么无礼，我就……"

他把手一摆，不作声了。

"好了，"我说，"过去的事不必提了。"

谢苗小心翼翼地抬起头来说：

"不过，也许您以为这里边有什么花样，也许您以为，照您的说法，我是在装腔作势。其实一点也不是那样。唉，您真不知道，我是受了多大的教训！请您直直爽爽地告诉我，您相信我吗？"

"相信。"我很严肃地说。

"不，您要说老实话，您相信我吗？"

"你这该死的东西！"我笑着说，"我心里是在想："他总不至于再像以前那样了吧？""

"您看，可见您并没有完全相信……"

"你这是在瞎着急，谢苗。每个人我都相信，不过对这个多相信些，对那个少相信些：对一个的信任值5个戈比，对另外一个的信任值10个戈比。"

"那么对我的信任值多少呢？"

"对你的值一百卢布。"

"您这么一说，我一点也不相信您了！"谢苗发起"野性"来。

"这倒奇怪了。"

"好，没有关系，我再来证明给您看……"

谢苗到寝室里去了。

从第一天起他就成了谢烈（一个农业技师）的左右手。他在农业方面有很高的天赋，这方面的知识丰富，他的血液里有着许多由祖父和曾祖父传下来的、在草原上积累下来的经验。同时他又如饥似渴地吸收着现代农业方面的思想，研究着美观而严整的农业技术。

谢苗用艳美的眼光注视着谢烈的一举一动，努力要向谢烈表明，他也能不知疲倦地、不停地工作。

过了两个星期，我把谢苗唤来，简单地对他说：

"这是委托书。你到财务处去取五百卢布。"

谢苗张开了嘴，瞪着眼睛，脸上青一阵白一阵，张口结舌地说：

"五百卢布？还有什么事？"

"没有别的事。"我朝桌子的抽屉里望着，回答说，"就是给我把钱取来。"

"骑马去吗？"

"当然骑马去。这是手枪，拿去以防万一。"

谢苗·卡拉邦诺夫机械地接过手枪，惊奇地对它看了一眼，然后用迅速的动作把它塞在衣袋里，什么话也不说就出去了。十分钟以后，我听见石子路上蹄声得得，有人骑着马在我的窗下疾驰而过。

傍晚时候, 谢苗走进我的办公室, 他扎着腰带, 穿着铁匠穿的短皮袄, 样子纤瘦匀称, 但是面色阴郁, 他默默地把一叠钞票和手枪放在桌上。

我拿起钞票, 尽量用最冷淡随便的口吻问他:

"你数了吗?"

"数了。"

我随随便便地把那叠钞票朝抽屉里一丢。

"谢谢你跑了一趟。去吃饭去吧。"

谢苗不知为什么把皮袄上的腰带左右移动了一阵, 很激动地在房间里走了几步, 结果只轻轻地说了一声:

"好吧。"说了就出去了。

两个星期过去了, 谢苗碰到我跟我打招呼的时候, 样子总有些不快活, 好像对我很拘束似的。

他也是同样不快活地听完了我的新命令:

"你去拿两千卢布。"

他把手枪塞进衣袋, 愤懑地看了我好一会儿, 然后一字一顿地说:

"两千? 要是我取了钱不回来呢?"

我离开座位, 大声叱责他说:

"请你少说这种傻话! 既然把委托书交给你, 你就去取。不必发'神经病'!"

谢苗耸耸肩, 含糊地低声说:

"好, 去就去……"

他把钱交给我的时候, 盯着我说:

"请您数一数。"

"为什么?"

"我请您数一数!"

"你不是数过了吗?"

"对您说,请您数一数。"

"不要啰嗦。"

他抓住自己的喉咙,好像有什么东西使他窒息,后来他扯开衣领,身子开始摇晃起来。

"您是在捉弄我。您不可能这样信任我。不可能的! 您自己觉得吗? 不可能的! 您是故意在冒险,我知道您是故意的……"

他好像是窒息似的倒在椅子上。

"我叫你做了事,付出的代价可不小。"

"付出了什么代价?"谢苗把身子猛地朝前一冲。

"就是看你发神经病。"

谢苗一把抓住窗槛,大声说:

"安东·谢苗诺维奇!"

"喂,你怎么啦?"我真的有点吃惊起来。

"要是您能知道! 只要您能知道就好了! 我骑在马上一路上想: 要是世上真有上帝就好了。要是上帝派了一个人从树林里跑出来袭击我……哪怕有十个人,不管它有多少……我就要开枪打他们,我要像狗一样扑上去用牙咬他们,撕他们,除非他们把我杀死……您知道,我差一点哭了出来。我也知道,您在这里一定在想: 他不知会不会拿来? 您是在冒险,对吗?"

"你这个人真怪,谢苗! 钱财的事永远要冒险的。取一包钞票到教养院来总不免要冒险。不过我是这样想: 如果由你去取钱,危险性就少些。你年轻力壮,骑马又骑得非常好,随便碰到什么强盗你都可以逃得过,像我这样就很容易被他们捉住。"

谢苗喜悦地眯起了一只眼睛，说：

"哦，您这个人原来很狡猾，安东·谢苗诺维奇！"

"我何必要狡猾呢？现在你知道了怎样取钱，以后就由你去取。一点也没有什么狡猾。我一点也不担心。我知道你这个人是跟我一样诚实。这一点我以前就知道，难道你看不出吗？"

"不，我还以为您不知道呢。"谢苗说，他走出我的办公室，高声唱起来：

> 高山背后
>
> 飞出一群老鹰，
>
> 它们边飞边叫，
>
> 寻找着美好的生活。[1]

是的，这清脆悦耳的歌声告诉人们，马卡连柯以尊重与信任的良药，医治好了谢苗那受伤的翅膀，使他懂得了人的尊严，认识了人的价值，把他从自暴、自弃、自卑、失望和堕落的深渊中解救出来，使他走上新生的人生历程。马卡连柯在教育工作中十分尊重学生的人格，他从来不把失足青少年当作违法者或流浪儿看待，而是看作具有积极因素和发展可能的人。在他看来，尊重人、信任人，是教育人的前提；只有从尊重人、信任人出发，才能产生合理的教育措施，才能取得良好的教育效果。受过马卡连柯教育的谢苗·卡拉巴林，曾回忆了他在高尔基工学团当学员时，马卡连柯如何尊重他、信任他。后来，谢苗终于成了自己老师马卡连柯的可靠继承者和得力助手。

---

[1] 马卡连柯著，许磊然译.教育诗 [M].北京：人民文学出版社，1957.242—247.

四、理论联系实际

"教育的失败"

秋天，教养院里送来了第一个犹太人，后来又接着送来了好几个。其中有一个以前不知怎样在省侦缉局做过事，我们那些老学童的不可遏制的怒火首先就向他发泄。

在反犹太运动的事件里，我起初甚至无法辨别，谁的过失多，谁的过失少些。新学童所以成为反犹太主义者，仅仅是因为给自己的胡闹的本能找到了可以发泄的对象，老学童是因为可以有更多的机会来嘲笑和欺凌犹太人。

第一个犹太学童姓奥斯特罗摩霍夫。

奥斯特罗摩霍夫不管有理由没有都要挨打。他常常被毒打，处处受人欺侮，好好的腰带或是完整的鞋子都被人夺去，换给他一些无用的破东西，他常常被捉弄的没有东西吃，或是吃坏掉的东西，无休无尽地受到揶揄，被人辱骂，而最苦的是：整天胆战心惊，永远被人瞧不起——这不单是奥斯特罗摩霍夫一个人在教养院的遭遇，连施奈德、葛雷赛和克拉依尼克（另外的犹太学童）也都如此。要和这一切情形斗争非常困难。一切都做的非常秘密，非常谨慎，几乎不冒一点危险，因为犹太人首先已经吓得要死，根本不敢告状。只有根据一些间接的迹象，根据他们的痛苦的精神和沉默和畏缩的动作来做种种推测，而且要绕着最远的路，通过最容易受感动的小孩子们跟教员们的亲切谈话，通过不可捉摸的谣言才行。

要把一大帮学童们的经常的迫害行为完全瞒过教员的眼睛，毕竟是办不到的。到了后来，教养院里的猖獗的反犹太运动已经对任何人都不是秘密了。连这些实行迫害的人的名单都可以确定。这都是我们的老朋友：布隆、米嘉庚、伏洛霍夫、普利霍季柯，但是在这些勾当里有两个人起着最显著的作用，那就是奥萨德契和塔拉涅茨。

活泼、机智和出色的组织能力，早就使塔拉涅茨成为最出色的学童之一，但是年纪比较大的孩子们一来，使他的活动受到了限制。现在他的统治欲就在恫吓和欺侮犹太人之中找到了出路。奥萨德契是个16岁左右的小伙子，身体强壮，性格阴郁固执，一向没有受过管教。他对于自己的过去感到自豪，但并不是因为他觉得过去有什么美好的地方，而只是出于固执，因为他觉得这是他的过去，谁也管不着他的生活。

奥萨德契成了迫害犹太人的主要的首脑。其实奥萨德契并不是一个反犹太主义者，但是犹太人是那么孤立无援，他的横行霸道又没有受到惩罚，所以他乐得在教养院里显一显他的原始的机智和英勇。

要向我们这一帮"有虐待狂"的学童公然进行公开的斗争，必须很审慎，这种斗争的危险首先是会使犹太学童们受到残酷的报复：像奥萨德契这样的人如果走了极端，连动刀子的事也会干得出的。

我是从第一个方法着手。我必须把奥萨德契和塔拉涅茨隔离开来。卡拉邦诺夫、米嘉庚、普里霍季柯、布隆都和我很好，我指望他们会支持我。但是我最大的成就就是说服他们不要去欺侮犹太学童。

"保护他们不受什么人的欺侮？是不让全教养院欺侮他们吗？"

"不要瞎扯，谢苗。你明知道不让什么人欺侮他们。"

"我知道又有什么用？就算我来保护他，我总不能把奥斯特罗摩霍夫拴在我的腰里——他们还是要把他抓去，而且打起来一定更厉害些。"

米嘉庚干脆地对我说：

"这件事我不管——我不便管，可是我也不去欺侮他们：我要他们有什么用？"

札陀罗夫比任何人都同情我的处境，但是他不善于直接跟奥萨德契这种人进行斗争。

"我不知道，也许这里非采取断然的措施不可。这些事都瞒着我，就像瞒着您一样。他们当着我的面一点也不欺侮别人。"

这时候，犹太人的处境越来越苦了。他们简直是每天被打的鼻青眼肿，可是问他们，他们却不肯说出是被谁打的。奥萨德契在教养院里耀武扬威地走来走去，从他那缕出色的额发下面挑战似的望着我和教师们。

我决定不顾一切地去做，我把他叫到我的办公室来。他矢口否认一切，但是他的神气却完全表现出，他所以否认，不过是出于礼貌，实际上他根本不在乎我对他的看法。

"你每天把他们打伤。"

"没有这回事。"他不愿意地说。

我恫吓他，说要把他逐出教养院。

"那也没有办法。那你驱逐吧！"

他知道的很清楚，把一个学童驱逐出去是一件多么花费时间和令人头痛的事。为了这件事不知要到童犯事务委员会去跑多少次，呈送各种审问的材料和报告，把奥萨德契本人送去受审十来次，还要送去各种证人。

除了这些原因之外，我认为应该注意的并不是奥萨德契。他的英勇的行为使整个教养院瞩目，许多人都对他表示赞同和钦佩。如果把他逐出教养院，这种爱慕就会使学童们经常要想起受难英雄奥萨德契，这个英雄天不怕地不怕，对任何人都不服从，殴打犹太人，并且因此"被流放"。而且，虐待犹太学童的又不止奥萨德契一个人：只是塔拉涅茨不像奥萨德契那么粗暴，他的鬼主意比奥萨德契多得多，而且更刁钻古怪。他从来不打犹太学童，当着大家的面甚至待他们很温柔，但是夜里他常在他们的脚趾中间放一些纸片，点起火来烧，自己却躲在被窝里假装睡觉。或是拿了一把轧剪，撷弄像费陀连柯那样粗手粗脚的笨家伙去给施奈德（一名犹太学童)理发，轧去一半头发之后，假装轧剪坏了，等那孩子跟着他跑来跑去，眼泪汪汪地恳求他把头发剪完的时候，他就欺凌那可怜的孩子。结果，解救这一切灾难的办法却是最出人意外而且是最可耻的。

有一天晚上，我的办公室的门开了，伊凡·伊凡诺维奇带着奥斯特罗摩霍夫和施奈德走进来，他们俩都浑身是血，嘴里也吐着血，但是因为一向被吓惯了，所以连哭都不哭。

"是奥萨德契吗？"我问。

值日教师说，奥萨德契在吃晚饭的时候老盯着食堂值日生施奈德胡闹，逼着他换菜换面包，最后因为施奈德端汤的时候无意之中把盘子一侧，手指触着了汤，奥萨德契就离开餐桌，当着值日教师和全教养院的人打了施奈德一个嘴巴子。施奈德大概本来想不开口算了，但是值日教师不是一个怕事的人，而且我们这里从没有过当着值日教师打架的事。伊凡·伊凡诺维奇命令奥萨德契离开食堂，去向我报告。奥萨德契从食堂里朝门口走，到了门口他却停了下来说：

"见院长就去见院长，不过我先要给这个犹太佬一点颜色看看。"

这时竟发生了一个小小的奇迹。一向是犹太学童里面最无用的奥斯特罗摩霍夫忽然从桌子后面跳出来，扑到奥萨德契跟前，说：

"我不准你打他！"

结果奥萨德契就在食堂里把奥斯特罗摩霍夫痛打了一顿，出来的时候发现施奈德躲在门斗里，又把他毒打了一顿，连牙齿也打掉了一颗。奥萨德契不肯来见我。

在我的办公室里，奥斯特罗摩霍夫和施奈德用肮脏的衣袖把血抹了一脸，但是没有哭，显然，他们已经把生死置之度外了。我也相信，如果我此刻不来彻底打开这整个紧张的局面，犹太学童为了自救势必要立刻逃走，否则就要准备忍受真正的苦难。使我灰心并且简直是使我寒心的是，全部学童(甚至像札陀罗夫那样的学童）对于食堂里打人的事都抱着事不关己的态度。我猛然觉得，现在我又是像在教养院初创时那样地孤独。但是在初创的时候，我根本没有期待过任何方面的支持和同情，那是很自然的、早在预料之中的孤独，而现在我已经受惯了爱戴，习惯于经常和学童们合作了。

办公室里，除了受难人之外，还有几个人，我对其中的一个说：

"去把奥萨德契叫来。"

我差不多很有把握，奥萨德契一定会发牛性不肯来，所以我下了决心，到了实在不得已的时候，我就亲自去找他，哪怕是带了手枪去。

但是奥萨德契居然来了，他披着上衣，两手插在口袋里，冲进办公室，一脚把挡在他路上的椅子踢开。跟他一起来的还有塔拉涅茨。塔拉涅茨故意做出他对这一切很感兴趣，他不过是希望能看到精彩表演而来的。

奥萨德契扭过头来看了我一眼，问道：

"喂，我来了……有什么事？"

我指着奥斯特罗摩霍夫和施奈德叫他看：

"这是怎么回事？"

"哼，这是怎么回事！有什么了不起！……原来是两个犹太佬。我还以为您叫我看什么呢。"

忽然间，教育基地天崩地裂似地在我脚底下崩坍了。我彷佛到了一个没有人迹的所在。放在我桌上的一把沉甸甸的算盘忽然朝奥萨德契的头上飞过去。我没有掷中，算盘嘭的一声撞在墙上，又跌到地板上。

我发疯似地在桌上寻找沉重的东西，忽然我手里抓了一把椅子，我就拿着椅子朝奥萨德契冲过去。奥萨德契吓得退到门口，但是这时他的上衣从肩上掉到地板上，他被衣服一绊，跌倒了。

我清醒了：有人抓住我的肩膀。我回头一看，原来是札陀罗夫看着我，笑道：

"跟这个混账东西犯不上这样!"

奥萨德契坐在地板上啜泣起来。塔拉涅茨躲在窗槛上,面色惨白,嘴唇直抖。

"你也欺侮过这些孩子!"

塔拉涅茨连忙从窗槛上爬下来。

"我向您保证,以后再也不这样了!"

"出去!"

他蹑手蹑脚地走了出去。

奥萨德契最后从地板上爬起来,一只手拿着上衣,另外一只手去肃清他的神经弱点的最后残余——肮脏的面颊上的一粒孤零零的眼泪。他态度镇静而严肃地望着我。

"你在制鞋工场里关四天,只准喝水和吃面包。"

奥萨德契勉强笑了一笑,不加考虑就回答说:

"好,我去。"

在坐禁闭的第二天上午,他找我到制鞋工场去,向我请求说:

"我再不这样了,请您原谅我吧。"

"原谅不原谅的问题等你坐满了禁闭再谈。"

关完四天之后,他已经不来请求原谅,只是阴郁地说:

"我要离开教养院。"

"你离开好了。"

"给我一个证件。"

"没有什么证件!"

"告辞。"

"再见。"[1]

马卡连柯经过这次教育上的失败以后,心情久久不能平静下来,为自己非常糟糕的教育方法和教育上的无能。甚至"在想到教育学的时候不禁怀着反感和怨恨":

"它已经存在了好几千年!有过多少著名的人物,多少辉煌的思想:斐斯塔洛齐、卢梭、纳托尔伯、勃朗斯基!多少著作,多少纸张,多少荣誉!同时却又是一片空白,连一个小流氓都应付不了,没有方法,没有办法,没有建树,简直是一无所有,有的只是一套骗人的幌子。"[2]

但是令人意想不到的是,犹太学童的处境却发生了变化——"米嘉庚简直像个保姆:逼着格雷赛洗脸,替他剪头发,还替他钉扣子"[3]。

当然,后来奥萨德契又回来了,并且很快又闯了大祸。马卡连柯问明缘由,弄清了责任一方在对方,没有责罚学童们,孩子们很高兴,并向马卡连柯保证以后没有他的允许绝对不到事发地点去,也保证努力改善和对手的关系。

五、队长制的教育法

由于缺少燃料,教养院面临着燃料恐慌,只好利用林中的枯枝和打扫树林得来的东西做燃料,学童们经常需要搜遍好几亩树林寻找干木柴。为此教养院选了一些力气较大、鞋子比较好的学童组成了一个20人左右的小组,里面包括教养院全部的积极分子:布隆、别路兴、伏洛霍夫、奥萨德契、巧包特等等。他们一早就把衣袋里塞满面包出发,整天在树林里工作。

孩子们回来的时候肚子虽然很饿,但是精神愉快。一路上兴致勃勃地做着游

---

[1] 摘选自:马卡连柯著,许磊然译.教育诗[M].北京:人民文学出版社,1957.123–130.

[2] 马卡连柯著,许磊然译.教育诗 [M].北京:人民文学出版社,1957.132.

[3] 马卡连柯著,许磊然译.教育诗 [M].北京:人民文学出版社,1957.131.

戏，而且到了规定的时间超额完成了生产任务。

但是这样的联队遭到当时一些文人的攻击。教养院违背他们的趣味，开始建立了一个联队。布隆在打柴的联队里总是坐第一把交椅，而且没有人要争夺他的这种荣誉，照那个游戏的规则，大家开始称他首领，我说：

"叫首领不合适。只有强盗才有首领。"

孩子们反驳我说：

"为什么只有强盗才有首领？游击队里不也有首领吗？红色游击队里就有许多首领。"

"红军里面不叫首领。"

"红军里面叫——队长。可是我们离红军还差得远呢。"

"一点也不远，还是叫队长的好。"

砍柴的工作结束了，到一月一号我们的柴已经超出了一千普特。但是我们没有把布隆的联队解散，它整个儿被调到第二教养院去建筑温床。这个联队一早就出去工作，中午不回来吃午饭，一直到晚才回来。

有一次，札陀罗夫对我说：

"我们这到底算什么呢：有了一个布隆的联队，可是其余的孩子们怎么办呢？"

这个问题我们没有多费时间考虑。那时候我们已经每天贴布告；我们发了一个布告，通知大家教养院里组织了第二个联队，队长是札陀罗夫，第二联队的人都分配在各个工场里工作，像别路兴和韦尔希尼尧夫那样熟练的工匠，都从布隆那里调回第二联队。

联队以后发展得非常迅速。在第二教养院里组织了第三和第四联队，各有各的队长。女孩子们组织了第五联队，由娜斯嘉诺切芙娜亚指挥。

到春天，联队的制度已经完全制定。联队的规模缩小了，它们的原则是按照各个工场的学童分队。我记得，鞋匠永远是第一队，铁匠是第六队，马夫是第二队，养猪的是第十队。起初我们根本没有什么规章。所有的队长都由我派定，但是到春天我召集队长们开会的次数越来越多，不久孩子们给它题了一个更漂亮的新名称"队长会议"。很快我就形成了一种习惯：凡是重要的事情都要在队长会议上商量之后才实行。渐渐地连指派队长的工作也交给队长会议去办，这样一来，队长会议的人数就用自行加聘的方法扩大了。队长的正式选举制以及队长的汇报制度，并没有很快就做到。但是无论在当时或是现在，我都没有把那种正式选举当作是一种成就。在队长会议上，选举新队长的时候总要经过非常认真的讨论，由于自行加聘的方法，我们历来的队长都非常出色，同时我们的队长会议从来没有全体停止过活动，也没有全体辞职过。

我们直到现在还保持着一条极其重要的规则，那就是队长绝对不许享受任何特权：队长从来不能得到一点额外的东西，从来不能免去日常的工作。

到1923年的春天，我们把联队的制度弄得更复杂起来。老实说，这种改进是我们集体在它整整13年的历史中的一个最重要的发明。有了它，我们的联队才能融成一个真正的坚强统一的集体，在这个集体里有着一般工作和组织工作的分别，有着全体大会的民主制度，有着同志对同志的命令和服从，但是这里面并没有形成贵族阶级——队长阶级。

这个发明就是混合联队。

反对我们的制度的人拼命攻击队长制的教育法，因为他们从没有看到我们的队长们工作的情形。不过这还不十分重要。更重要的是他们甚至从来没有听到过混合联队这个名称，那就是说，他们对于我们制度里最主要的和最起决定性作用的集体毫不了解。

混合联队所以会成立，是因为我们当时主要的工作是农业工作。田里的工作经常要变更工作地点和工作性质，结果就要按照不同的工作任务来划分不同的集体。我们一开始就感到，队长在工作中的一长制和他的集中负责制是一种非常重要的制度。为了适应这种非常明显的组织的需要，我们就采取了混合联队的办法。

混合联队，这是一个临时性的联队，它存在的时间至多不超过一星期，它所接到的是某一个短期的任务。工作性质和工作时间长短的不同，使我们也有了许多不同的混合联队。我们制了一张混合联队的工作图表，看起来跟火车行车时刻表有一点相像。

混合联队永远只是工作的队伍，它的工作一结束，孩子们回到教养院之后，那个混合联队也就不再存在。

每一个学童都知道自己的固定的联队（每个联队有它固定的队长），知道自己在工场里、寝室里以及食堂里的固定位置。固定的联队——这是学童们的基层集体组织，它的队长一定是队长会议的成员。但是从春天起，愈近夏天，学童们不断加入工作任务不同的混合联队工作一星期的情形也愈多，往往一个混合联队里一共只有两个学童，然而照样也要指定其中的一个做混合联队的队长。混合联队队长要安排工作，对工作负责。但是工作日一结束，混合联队也就解散。

固定联队的队长的作用是非常适度的。固定联队的队长几乎从来不派自己做混合联队的队长，他们认为他们的工作负担已经够重的。一个固定联队的队长总是以混合联队的普通队员的身份去参加工作，在工作时间要服从混合联队的临时队长的指挥，而后者往往就是他自己那一队的固定队员。这种制度在教养院里形成一种非常复杂的连环式的从属的关系，在这样的关系里，个别学童便不能自命不凡地高高站在集体的上面。

混合联队的制度使教养院的生活变为非常紧张而且充满乐趣，使大家能轮流做着一般工作和组织工作，使大家能受到指挥别人和被指挥的训练，使生活中充满了集体的和个人的活动。[1]

马卡连柯在建立集体上的努力最终得到了回报："第一教养院里所有性格鲜明的学童们已经形成了一个非常亲密的团体，要拉出其中的一个，就等于割掉他们身上一块肉。"[2]

六、个别影响的教育方法

个别影响的教育方法问题。在马卡连柯的教育经验的发展过程中，运用多种方法对流浪儿童进行教育，除了平行影响之外，个别影响的方法也被马卡连柯多次使用，而且常常和平行影响一起被提及。"为了使儿童首先感觉到自己是公民，为了使儿童首先感觉到自己是人，我和我的教师同事们深信接近个人应当有特别复杂的方法。"[3]这种方法在他们的教育工作中就成了一种传统的惯例。

例如沃尔柯夫偷了东西，这时候，对沃尔柯夫本人自然要进行个别的工作，但申斥和指出主要的缺点，不是针对着沃尔柯夫一个人，而是要针对着全分队。沃尔柯夫偷了什么东西，分队要负完全责任。

又如，在分队里大多数都是优等生。12个人中有了10个优等生的话，该分队就列为第一位，能获得一定的优先权——奖金或娱乐，例如到歌剧院里去看几次戏。我们每天都有儿童戏票，全体分队队员完全一样，大家一同去。优等生去，成绩普通的也去，甚至成绩很坏的也去。各分队所得到的权力，每个成员都可以享受。这样做，看起来好像是不公道的，而实际上却有很大的好处。

---

[1]　马卡连柯著,许磊然译.教育诗 [M].北京:人民文学出版社, 1957.252-257.

[2]　马卡连柯著,许磊然译.教育诗[M].北京:人民文学出版社, 1957. 263.

[3]　安·谢·马卡连柯著, 刘长松译.马卡连柯全集 (第五卷) [C].北京:人民教育出版社, 1956
160.

我本来可以再多说些关于基层集体的意义方面的问题，但可惜没有时间。不过，我还想讲一讲这一方面的事情。在我们的学校里，很少能有这样的基层集体。那还要用某种其他不同方法。但是，尽管如此，我还是相信下面的事实：第一，基层集体不应当排斥公共集体，也不应该代替公共集体；第二，基层集体应当是跟个人接触的基本方式。这是我的一般的定理，至于说到更详细的办法，公社适用某一种，学校就完全适用另一种了。

只有经过这样的基层集体，我们才能正式触及个人。这就是适当的方法，而事实上，我们也总是首先注意个别学生的。

我和我的同事们，如何对个别学生、对个别的人进行教育工作呢？

为了对个别的人进行教育工作，应当了解他，培养他。

在我最初几年的工作中，我看到了这样的一些情况，我就深刻地相信正是躲避我的人，正是竭力想不出现在我眼前的人，才是最危险可怕的对象，我对这样的人物，应当特别加以注意。

同时，公社社员们也推动着教我这样做：在某些情况下，他们肯定地认为有的人蹲在队里不动，死啃死读，但不肯参加聚会，不发表意见，甚至有了火警也坐着不动，死不放下书本，或只埋头修理无线电收音机。这样的人，是最有害的人，因为，这样的人过于聪明了，过于"机灵"了，不肯出头露面，贪图平静，入了社会，就会变成原封不动的、毫无教养的人了。

我获得了一定的成就，我不再为偷窃行为和无赖行为提心吊胆了，这时我才明白了，我的教育工作的目的，是为了培养一定典型的公民，是为了培养战斗的、积极的和富有生命力的那种品质。这样的目的，只有当我教育的是全体里的每一个人，而不是仅仅教育好个别的一个人时，才能够达到的。

在我的实际工作的经验中，我深信教师和教导员不应当有惩罚的权力，我也从来不给他们惩罚的权力，甚至连申诉的权力也不给。这是因为：第一，惩罚是极困难的事情；第二，我认为惩罚应该集中在一个人手里，以免步骤紊乱，相互干扰。因此，教师的工作是很困难的，因为他们首先应当具有威信。

　　拿对个别的人的关系说，我主张采用直截了当的当面攻击的方法，同时我建议其他的人也采用这样的办法，这就是说，如果一个小孩子有了不好的行为，有了可鄙弃的行为，我就对他这样说："你有了可耻的行为。"

　　我认为，光靠谈话帮助是很少的。因此，当我看到我的谈话没有必要的时候，我就任何的话也不再说了。

　　例如一个男孩子侮辱了某一个女孩子，我知道了这件事情以后应不应该提呢？在我看来，重要的是用不着谈话就让这个男孩子知道是怎么一回事。我给他写好字条，装在信封里送去。

　　应当说明，我们经常有这样的"通讯员"。这是10岁左右的男孩子，有苍蝇般的灵敏复杂的眼睛，他们总是能知道应当在什么地方去寻找什么人。通常工作，这样的通讯员，都是很好的男孩子，能起很大的作用。我把信交给通讯员，信里写着："叶夫斯基格尼也夫同志，请你今天晚上11点钟来。"我的通讯员会清清楚楚地知道字条里面写的是什么，发生了什么事情，为什么我召唤叶夫斯基格尼也夫等等。我对他说："把字条送去！"我再不多说任何的话，我知道会有什么样的结果。通讯员走到食堂里说："你的信。""什么事？""安东·谢苗诺维奇老师找你。""为什么？""我就给你说，还记得吗？你昨天侮辱了哪一个？"10点30分的时候，通讯员又来找叶夫斯基格尼也夫："你准备好了？""准备好了。""他也在等待着你。"

　　有时候，叶夫斯基格尼也夫忍耐不住了，等不到晚上11点，下午3点钟就来找我了。

　　"安东·谢苗诺维奇老师，你找我吗？""不是，不是现在，是晚上11点。"

　　他回到分队里，那里都问："怎么啦？受惩罚了？""受惩罚了。""为了什么？"

于是，在晚上11点以前，分队里就严厉地申斥叶夫斯基格尼也夫了。到了晚上11点钟的时候，他到我这里来了，因为白天一天里所经过的刺激的不安，脸色苍白，心情焦急。我问他："你明白了吗？""明白了。""去吧！"

再不需要多说任何的话。[1]

七、尊重的教育方法

但是，在有些情况下我允许自己改变正面攻击而采取较为曲折的办法。这种办法是当全集体起来攻击一个人的时候应用的。这时候，正面打击一个人是不可以的，这样做他就会处于孤立无援的境地。全集体反对一个人，我也来反对这一个人，他就会被毁掉的。

（例子）有过这样的事情，有一个女孩子，名字叫列娜，很温柔，很美丽，但曾当过流浪儿。有一个时期，她叫我感到很不好办。但经过一年以后，开始改正过来了。突然，她的女友的床头橱桌里的50个卢布丢了，大家都说是列娜偷去了。我教大家设法寻找，大家寻找了，但没有找到。我说事情就可以算完了。

但是，过了几天以后，在俱乐部的阅览室里，丢了的钱被找到了，是在窗帘下面发现的，隐藏在为关扣窗户用的特制的插销里。孩子们都说他们看见列娜在这个窗户周围转来转去，甚至还看见她手里拿着什么东西。

队长会议把列娜叫去，孩子们都说："你偷了！"

我看到儿童们确实认为列娜偷了钱，并要求开除她，为了她做了盗窃行为；我看到没有一个人同情她，甚至于连经常在这样的情况下肯维护自己的女友的女孩子们，这时也坚决主张开除她；我看到钱确确实实是列娜偷去了，这已经没有一点疑问。

[1] 马卡连柯著，刘长松译.马卡连柯全集（第五卷）[C].北京：人民教育出版社，1956.161—180.

在这样的情况下，必须采用迂回曲折的办法。我说："不对，你们没有证据能证明是她偷了，我不许开除她。"大家以粗野愤怒的眼色看着我。我说："我敢相信不是她偷的。"于是，当大家提出证明说是她偷了的时候，我就提出证明说不是她偷的。"为什么你要这样相信？""我由眼色上能看出来。"他们知道，我确确实实能根据眼睛的神色，知道许多事情。

第二天，列娜到我这里来了。"谢谢你，你维护了我。他们攻击我是毫无道理的。"

"这是怎么回事？当真是你偷了？"

这里，我出其不意的锋利的话把她问住了。她哭了，也承认了。但是，这一个秘密只有我和她两个人知道。为了维护她，我在全体大会上"说了谎"，我知道是她偷了，把她完全置于我的教管下。

这是谎话，但是，我看到全集体被激怒了，可能把她赶出去。为了避免这一点，我需要运用这样的手段。我是反对用这种迂回曲折的办法的，这是很危险的一种方法。但是，当时列娜知道我为了她欺骗了全体大会，知道我们两人有了共同的秘密，这就能使她完全成为我的教育对象。但是，这种迂回曲折的办法是很难运用的，也是非常复杂的，只有在极少有的情况下才来应用它。[1]

八、心理冲击法

实际上，在马卡连柯的所有专著、小说和报告中都没有提到"心理冲击法"这样的字眼。马卡连柯始终相信，新生在进入学校中的最初几小时和最初几天的印象会长久地、有时甚至是永远地决定了学生对学校的态度，因而也决定了他的行为和整个教育过程。马卡连柯常用的一个教育手段是，当新生来到教育

---

[1] 马卡连柯著, 刘长松译.马卡连柯全集 (第五卷) [C].北京: 人民教育出版社, 1956.182—183.

集体的时候，特别注意接收的形式，他对新生的接受常常有一个非常隆重并且有正规程序的"仪式"，当新生刚到校就遇到这样隆重的礼遇，看到如此盛大的场面，对他们的心理有一个非常大的冲击，让他们对这个即将加入的集体肃然起敬。

马卡连柯把这种方法叫作"爆炸式的方法"，我们姑且叫它心理冲击法。

还在1931年的时候，我应当给公社补充150名新儿童，其中许多人应当在两周之内就收容进来。当时公社里已经有150个人。

当时我已经有了一个很好的社员组织了。这150人中，有90个人是共产主义青年团团员，年龄由14岁到18岁不等，其余的都是少年先锋队队员。

大家团结得很紧密，非常和睦友爱，有良好、确实和坚强的纪律，工作进行得非常好。大家都为自己的公社和自己的纪律而自豪。对这150个人，都能够委托责任相当重大的任务，甚至于在体力上、心理上很难胜任的工作，也可以委托他们。

我采用过一种方法，是为了给那些新补充来的社员以最强烈的印象。

我们是这样接收儿童的：我们总是在通过哈尔科夫的快车上去接收儿童。所有这些快车，都是夜里通过哈尔科夫的。所以，我们也是在夜间去接收这些儿童。把儿童安置在车站附近的房子里过夜，第二天午间12时，全体社员带着乐队，打着旗子，穿着白色领子的、式样精美的和缀有花纹字的制服，在车站旁排成一列横队，当流浪儿童紧裹着长襟外衣，赤脚迈着小步子匆匆走到广场上时，乐队立刻奏起乐来，这时候，流浪儿童们就看到自己前面的队伍了。他们奏乐敬礼迎接他们，像迎接我们最好的同志一样。

接着，我们的共产主义青年团团员、女孩子们走在最前面，流浪儿童跟在他们的后面，再后面还跟着一个社员小队。

这一支新队伍列成8人一列的纵队，很严整地齐步行进。

市民们感动得流出了眼泪，但我们认为这只是一种手段，没有什么值得感伤的。

当把流浪儿童带进公社时，他们就立刻被送到浴室里，从浴室里出来的时候，就变成理过发的、洗过澡的和穿着同样的白领子制服的新人了。

然后，把他们以前的衣服用小车子运来，浇上汽油，郑重地烧毁。

两个打扫院落的值日员带着扫帚走来，把所有的灰尘都扫在桶里。

在我的许多同事们看来，这好像是一种玩笑，但实际上这种做法却能留下极强烈的印象。

这些孩子们永远不会忘记在车站上接待他们的情形，永远不会忘记这堆烧衣服的火、新寝室、新待遇和新纪律，这些事实会在他们的脑海里留下强烈的印象。

这是我所举出的我称为爆炸式的方法的一个例子。　[1]

---

[1]　马卡连柯著, 刘长松译.马卡连柯全集 (第五卷) [C].北京: 人民教育出版社, 1956.251—254.

第六章　马卡连柯论课余生活

一、课余生活的作用和地位

教育在广义上说，是生活的社会延续，生活提供了教育的具体内容。近现代的许多教育家都试图使教育贴近生活，比如杜威在这方面就做出了许多尝试。杜威提出"教育即生活"的意图一方面在于使学校更多地顾及儿童的生活，而不再用成人生活的标准去要求儿童，一方面在于克服学校生活与社会生活的隔离。基于"教育即生活"，杜威又提出了"学校即社会的论断"。认为学校是一种特殊的社会环境，不应成为远离社会的世外桃源，社会生活应渗入学校之中，把学校建成一个雏形的社会。外部的社会环境、社会生活对人的影响繁杂混乱，学校应成为一个典型的、纯净的、理想的社会环境，以便使儿童在其中受到良好的影响。马卡连柯虽然也高度重视课余生活和课堂生活的关系，但是他对学生校园生活质量的关注体现在他对课余生活的重视上。

在这里，我们可以把学生的学校生活大致分为四个组成部分：

一是课堂教学。课堂教学是在教育目的的规范下，由教师的教和学生的学所组成的双边活动，是教和学相结合的统一活动。在教学实践活动中，学生在教师有目的、有计划、有步骤的积极引导下，主动用人类积累起来的知识财富丰富自己的精神世界，从而获得知识技能和技巧，达到德智体美劳全面、健康地发展。教学是学校教育最主要、最基本的方面，是学校的中心工作，也是实现培养目标的最基本途径。学校教育工作必须以教学为重心，这是教育活动本身的客观规律决定的。在学校工作中，除了教学工作之外，还有总务工作、党务工作、人事工作、后勤工作等，不管什么样的工作，都是为了一个共同的目标——为教学服务，培养全面发展的人。在学校的各种活动中，有教学活动、文体活动、党团活动、社会活动等，其中只有教学活动占用的时间最长，使用的人力物力和信息资源最多，规范性最强，育人功能最全面。

二是学校组织学生参加的课外活动，比如学校组织学生以小组或集体形式参与的各种课堂外的活动，课外活动是重要的教育因素，需要学校的介入和认真组织。

三是社会活动、必要的力所能及的劳动。例如学校教育计划中的学生可以自愿参加的活动，还有生产劳动、公益劳动、自我服务性劳动等等。对学生来说，一草一木都是教育，都是学校教育可以利用的资源。

四是学生自治活动。学生政府、学生社团等学生组织进行的旨在参与校务校政的处理、形塑学生集体文化的活动。

为了彰显学校教育的力量，课堂教学固然是非常重要的一方面，但是课余活动的教育作用不可小视。任何一个有教育经验的教师都应当充分重视课余活动，并认真组织，以彰显教育实效。

二、组织课余活动的原则

马卡连柯认为组织课余活动的原则是：

（一）分配儿童到各小组和俱乐部组织中，应按完全自愿的原则，并且有权在任何时候退出小组。然而在小组里也应当有纪律，不能容许人员的随意流动；例如可以自愿地加入乐队，但离开乐队是应当受限制的。否则就永远不能成立起好的乐队。特别是鼓手或低音乐器演奏手这样的有特技的人常会发生冲突。儿童往往喜欢演奏这些乐器，但是，当他们看到在这上面不能得到任何特殊的音乐学识以后，就会企图离开乐队。

在这种情形下，当儿童加入乐队时应当向他说明，乐队里全部的主要问题在于合奏，乐队之所以重要，不仅在于可能获得音乐上的熟练技巧，而且还在于它是集体中的重要机构。

每个学生加入乐队的时候，都应当签字，保证他将在乐队中演奏一定的时期，并且离开乐队应在三个月以前申请，以备能够准备代替的人。

在话剧小组和合唱队中，对于退出问题也应当有某些限制。这些组织的成员在演出或音乐会没有结束之前，不得退出组织。

这些纪律方面的限制应由全体大会批准，个别学生破坏它就要负破坏公共纪律的责任。

（二）在大的教育机关中，组织校外工作和俱乐部的工作，应当委托给编制内的专任工作人员去做。

（三）每一个小组都应当有熟悉这一工作形式的负责的领导者。如果由本教育机关的教师来领导小组，那么最好一个教师最多领导一个小组，并且领取一定的津贴作为这种额外工作的报酬。

（四）可以推荐这样的一些小组：

合唱队、戏剧小组、俄罗斯文学小组、民族文学小组、管乐小组、弦乐小组、响乐器小组、美术小组、业余制作小组、舞蹈小组、摄影小组、自然科学小组、无机电小组、物理学和化学小组、外国语小组、童话故事小组、象棋和围棋小组。

着手组织小组的时候，应遵照这种规则：小组宁可小些，但要有真正的工作。

（五）每个小组要尽可能有自己的办公室。

然而应当注意，这些办公室不要成为只不过是闲耍的、个别学生离群独居的、逃避社会工作的地方。因此必须随时注意小组的工作和它的人员。

（六）如果教育机关的领导者对于小组表示关怀的话，任何小组都不会无事可做。这种关怀应当有下列几方面：房间、领导者、工具、材料、视察小组的作业、在机关的报刊上报道小组的工作。

在捷尔任斯基公社中，选举竞赛委员会处理仲裁、奖品、表演次序和竞赛的组织等问题。

对优秀的小组奖以工具、材料、旅行，而个别优秀的组员，依照该小组的呈请，给予不大的特殊的奖品。

必须注意怎样才能吸引学生从事小组工作，什么情况会妨害个别学生参加小组的工作，并设法消减这些原因。常常会有这样的情形，旧生不喜欢接收新的成员到小组里来，竭力把小组的名额只限于一批把持得紧紧的几个学生。这是不能允许的。

吸引小组中的落后成员参加工作，必须十分注意那些报名加入几个小组但并不工作而只是妨碍工作的学生。这种儿童通常是有些轻浮而且几乎总是有些懒散的。会议必须做出决定，限制学生参加两个小组的权利。

（七）无论哪一个小组都不应有任何特权，并且无论如何不能自动地把自己的产品出卖给任何人。唯有在把换得的钱用来改进小组本身的工作、购买原料等情况下，这种出卖才能获得行政允许。

在某些机关中有"乐队的贵族"，他们穿起特别的服装大摇大摆，瞧不起其余的学生和生产工作。甚至连某些首长对这种制度也抱同情，夏天的时候，他们把乐队打发到疗养地区去，音乐家在那儿的花园和公园里以演奏为副业在增加收入。

这种"政策"是使集体和个别学生腐化的最坏的方式，从这些学生中间，至多不过是培养出一批平凡而无知的粗制滥造者。

不用这种方法照样是可以的，捷尔任斯基公社的乐队就是最好的证明，它8年来没有挣一个戈比，没有享受任何特权，虽然如此，它在哈尔科夫却是最优秀的乐队之一。

乐队应当深刻地认识到,它唯一的特权就是音乐家要学习演奏并掌握额外的熟练技术。在所有其他的人中间,他们也是普通的学生,同样地和大家一起参加工作,在学校里学习,担负公社一切义务、值日等等。乐队的骄傲应当在于它首先是为全体服务,帮助他们更愉快更美好地生活。

一般说来,乐队应当完全服从集体会议,无条件地执行会议的命令,给其余的一切学生做出守纪律的榜样。

在星期日劳动和全体动员参加紧急工作的时候,乐队可以不参加工作,而为参加工作的人们演奏。

(八)业余制作室。这个组织使人最感到有兴趣。它的布置是这样:单拨出一间又亮又暖的生产类型的大厅,邀请专门的指导员。可以从不大的工作着手。大厅里安放几架哪怕是用旧了的、各式各样的车床:旋床、钻孔车床、几个工作台、脚架、虎头钳。

主要的不是车床,而是工具。工具应当是多样的:木头、钢材、铁、洋铁片、锡、玻璃、棉花、石膏、马粪纸、铁丝、纸、煤、颜料、麻布。小组应当被相互间承担的义务巩固地联系起来。每个人都可以做他愿意做的工作:模型、蒸汽机、飞机、玩具、木刻的东西。他应当向小组报告自己的计划。而小组应当批准他的意图。只有这样他才能得到材料和指导员的帮助。

应当举行展览会来展览这种小组的工作成果。

(九)俱乐部工作中的一种特殊形式是猜谜游戏。为此也要成立一个小组。小组从科学、生活、历史、地理、生产实践等不同范围内选出习题、笑话、问题、谜语、图案等,把所有这些东西用艺术的形式描绘在大幅的厚纸板上。每个学生都可书面回答这些问题。每猜中或解决一项,就按照规定得若干分数。每年冬季可以举行几次这样的猜谜游戏。在春天以前统计一下谁得到多少分,并依据分数规定小小的奖品，在专门召开的全体大会上发给。

这种猜谜游戏如果举办得成功并且组织得很好，就可以吸引数百学生参加，能带来很大的利益。在捷尔任斯基公社中，可以找到猜谜游戏的全部指示和现成的榜样。

校外活动和小组活动必须这样来组织，使它所占用的是学生的闲暇时间，特别是星期日和节日的时间。[1]

---

[1]　马卡连柯著, 刘长松译.马卡连柯全集 (第五卷) [C].北京: 人民教育出版社, 1956.62—67.

第七章　教育过程的组织方法

一、集体的组织结构

马卡连柯的工作对象较为特殊,他所处的时代也是原苏联的一个特殊时期,因此,在组织儿童集体时,马卡连柯所用的方法和组织性质都带有特定时代的特征。但马卡连柯在学生集体的组织上仍然有一些有益的经验留给我们现在的教育,比如按年龄分组的原则,按任务分组的原则,将积极分子渗透到各个集体中去等都对今天的集体组织有极大的借鉴意义。

儿童教育机关的集体组织是根据各种不同的原则产生的。可以按照学校的特征把儿童分成若干组:寄宿学校在实行这种制度的时候,是按照班级或部来分配儿童的宿舍的。这样做的好处是:儿童的年龄一致,各方面的发展水平一致,准备功课、使用共同的教具和教科书、帮助落后的同学,都较为方便而且容易。

但是也有很多缺点:用这样的方法组成的基层集体,很快就形成一个狭隘的学校趣味的小圈子,脱离了劳动和生产的问题,脱离了整个机构在经济方面成长的问题。

学生的基层集体也可以按照其他的原则组织起来,例如按照生产的原则、按照年龄的原则等等。

在捷尔任斯基公社里,基层组织的基本特征就是生产的特征。在这样的组织下,应当遵循下列的原则:

(一)全体学生分成若干分队,它们同时也是生产分队;

（二）分队的人数可以由7人到15人。一个分队不能多于15人。经验证明，基层集体如果由很多成员组成，就不能很好地服从分队长的领导，而分队长也不能掌握全队的队员；

（三）如果学生是两班轮流从事生产工作，最好是组成轮班的分队；

（四）如果车床小组不大，可以组成包括头一班和第二班在内的分队，但这种形式是不大方便的，因为在这种情形下，头一班的儿童在生产当中是不能和第二班儿童碰面的；

（五）如果生产条件许可，最好是在某种情形之下组成一些首尾一贯的分队，就是从头到尾都照管某一些零件的分队；

（六）每一分队应当安置在单独一个寝室里，或是安置在相邻的一些寝室里；

（七）各分队可以共用一个食堂。

按照生产的特征来组织基层集体的时候，不能不注意年龄的差别。在那些还没有组织好的和巩固的集体的教育机关里，在那些还没有建立正确的风纪的教育机关里，让10岁至14岁的幼年儿童组成单独的基层集体——分队是完全必要的；只有在例外的情形下，才可以允许把个别的幼年儿童加入大孩子的分队里，但在这种情形下，必须用最谨慎的方法来检查每个人的特点：要估计到这个幼年儿童会受什么样的影响，怎样接受他入队，什么人负责照顾他在队中的生活和工作，什么人应当对他特别关心。

如果有少年先锋队的组织，那就必须使每一分队里都有少年先锋队的队员。如果在所有幼年儿童分队中少年先锋队队员已经足够了，那么最好是组织一些专门的少年先锋队队员分队。

青年团的力量也应当照这样配备到分队里。只有当所有的分队至少已有25%至30%的青年团员的时候，才可以组织单独的青年团分队。

对于积极分子也是这样：不应当把积极分子关闭在个别的分队里和个别的寝室里，而应当分配到所有的分队中去。应当把积极分子的成员分配到落后的分队里去。

当集体有组织有纪律地形成起来、建立了精确的生活制度和健康的传统的时候，组织混合年龄的分队是非常有益的。

捷尔任斯基公社的基层集体——分队——是按照联合不同年龄的原则组织起来的。

这种组织具有很大的教育效果，因为它能造成不同年龄儿童之间的密切的协同动作，并且是经常积累经验和传授前一辈的经验的自然条件，幼年儿童获得多种多样的知识，掌握行为习惯、工作方法，学会尊重大孩子并且尊重他们的威信。大孩子对幼年儿童关心并且对他们负责——这能培养那些苏维埃公民所必具的品质：对人关怀、气量宽宏和严格要求，还有未来的家庭成员的品质以及许多其他的品质。这一整个的复杂的教育过程，在很好地组织起来的集体中、通过经常地积累细小的和差别细微的印象、行为和关系，不用特别努力就能够进行。

但是，培养大孩子和小孩子之间的这样的关系，是教育过程中更高级的组织形式，并且需要技术熟练的、深思熟虑的教育方面的指导和影响。

必须经常注意，分队的成员尽可能不要变动，分队的成员要结合成一个友爱的集体。过于频繁地把学生从这一个工作岗位调到另一个岗位，不只对生产过程有害，而且会破坏基层集体。总之，基层集体的成员在一个相当长的时期中固定起来，这在一切教育过程中都是一种具有决定意义的因素。因此，必须尽可能少的把儿童从这一个工作岗位调到另一个岗位去。

不管怎样，在按照生产来区分集体的时候，它的规则是：如果学生从这一工作岗位调到另一工作岗位，他也就应当从这一小队转到另一小队去，就是说，连寝室和食堂的位置也都要更换。

在学校里，自然，应当按班或按级组织儿童。在捷尔任斯基公社里，这样的组织方式只是在学校里学习的时候或是在晚上预备功课的时候才能发生作用。

以生产分队为形式的基层集体组织，应当是主要的组织，应当对它经常加以最大的注意。

必须用最彻底的方法来跟集体里日常生活的没有固定形式做斗争。如果儿童在生产上和在学习上是有组织的，但在日常生活中却流于偶然的形式，教育的效果永远是不会高的。在有宿舍设备的教育机关中，无论如何不应当把寝室只看成公共宿舍。宿舍应当是在劳动、经济和政治方面进行教育的补充形式。同一寝室的儿童们，由于他们的学习成绩、生产上的成功和失败、生产上的斗争、生产上急待解决的问题、整个集体的成长和成就，必然会联系在一起。

如果这种联系没有组织起来，宿舍就会成为另一些联系的自流组织的场所，这些联系通常是沿着阻力最小和要求最低的路线组织起来的——幼稚的取乐和消遣，有时甚至是反社会的联系和行为。

这就是为什么要认真注意日常生活的精确组织，以及最好按照分队分配儿童的宿舍的原因。[1]

二、分队的自治

分队应该有一个分队长—— 集体中的成员之一。分队长的选拔可以有两种原则——指定或推选。

（一）如果集体尚未巩固、而青年团的组织还不能够领导集体的舆论，这时指定队长才是必要的。

在这种情形下，教师集体的首要任务之一，就是帮助青年团组织加强政治影

---

[1]　马卡连柯著, 刘长松译.马卡连柯全集 (第五卷) [C].北京: 人民教育出版社, 1956.5−8.

响，团结积极分子，在集体和自治组织中用努力工作来引导他们。应当根据教育机关领导人的命令指定有威信的青年团员和积极分子当队长，但事先应把候选人提交校务会议、生产管理处，青年团组织和队长会议讨论。

（二）在组织的很好的、青年团组织力量强大的集体中，应当转而实行队长选举制。在捷尔任斯基公社里，分队是在青年团委员会、教师集体和队长会议亲自参加下提出自己的候选人的。候选人名单由教导方面的领导人最后批准。关于撤销候选人的问题应与分队协商。队长是在集体的全体大会上个别提名选举的。只有获得社员称号的集体成员才有表决权，队长应当经常感觉到自己跟委托他的集体的联系和自己的责任。

被选为队长的应当是忠于集体利益的学生，生产中的突击手，比别人技术更为熟练，并且具有下列各种条件：有分寸、有精力、有组织才能、关心幼小儿童、诚实。队长的工作被认为是责任重大的任务，它是领导和集体对他信任的证明。

队长在生产中主要的任务应当是执行生产计划和展开斯达汉诺夫运动。为了解决这个任务，队长应当关心这一工作的各个方面，例如：斯达汉诺夫运动、纪律、保证物质供应、跟歇工以及旷工现象做斗争、良好的工具、良好的指示、工作地点的组织、令人满意的工作服、正确的规格、正确的记录文件。

在所有这些方面发现了毛病和缺点，队长都应当征求指导员和车间主任的意见，向教育机关领导人或他的助手报告，在分队的全体会议上或生产会议上讨论。

然而他必须采取最坚决的办法，使这些讨论和会议不要在工作时间进行，要做到没有一个学生在工作时间离开车床。车床旁也应当是队长的工作岗位。队长的工作可以另发相当于原工资10%至20%的额外工资。

队长不应代替指导员，指导员的职责是直接领导生产的技术过程。如果指导员是集体成员之一，即学生，他在生产中所执行的职务应当跟聘任的指导员一样，这些职务是不能和分队长的职务混淆的。

在日常生活中，在宿舍里，队长也是分队里负领导责任的同志。在学生里面选出一人作为队长的助手。此外，在分队里选出体育组织员。这些候选人由全分队推定或由队长个人提名，由教导方面的领导人或队长会议批准。

每一分队都应当有青年团组长。

队长对分队的领导具有如下的职能：

①照管全体学生严格遵守生活制度，在规定的时间起床，不迟到食堂，按时上工和上学，晚间按时回来，准确地在指定的时间就寝；

②注意分队的卫生状况：要及时打扫，并且要打扫干净，值班人员应执行他们的职务，注意洗脸和洗澡的情形；注意学生剪发和饭前洗手。训练学生保持清洁，不随地乱扔东西，不在地上吐痰，不吸烟，要剪手指甲和脚趾甲，不随便躺在床上，不在床上打架等等；

③注意学生在学习上的成绩，组织起来帮助落后的学生，使分队有秩序，保证能够准备功课；

④吸引学生加入俱乐部的小组和体育小组，读报和读书，参加墙报工作；

⑤力求提高学生的文化水平，消减他们的粗野的和骂人的语句，调整同志间的关系，学会不用争吵和打架就能解决冲突，严防大孩子对小孩子试图施用暴力或是气力大的欺压幼小的和力气弱的；

⑥和个别学生的不良倾向做坚决斗争。培养队员尊重别人的劳动，尊重别人的宁静、休息、作业；

⑦注意在分队里形成的小集团和友谊的结合，鼓励和发展那些有益的（体育小组、无机电爱好者小组及其他），坚决消减那些有害的（反社会的）。申请把分队中特别有害的分子开除出去。

在捷尔任斯基公社的学校里，设有班长制度。这些班长受校长的指挥，是班主任的助手。

他们照管上课和休息时班上的纪律，照管班上的公共秩序和清洁，保护班上的财物。每班的值日服从班长的领教，班长对他们的工作负责。按照教师的要求，班长可以让班里破坏纪律的学生离开教室。这个组织在学校中学习的时间执行职权。在校外——在日常生活和生产的时候——班长服从他所在的那一分队队长的指挥。集体中复杂的从属关系能够养成领导和服从的能力。

队长对分队的领导，依靠分队的全体会议，依靠分队积极分子的影响，依靠青年团的政治工作和教育机关的政治教育组织，依靠各个自治机构的工作和行政教育领导方面的完全一致，并且是在教育工作人员的经常指导和帮助之下来实现的。

不管怎样，以同样的过程和组织为基础的分队领导，应当经常动员队员注意生产工作问题，完成生产财务计划问题，提高质量、减少废品问题，学校中的学习和集体中的纪律问题，并且注意公社的成长和发展的总的路线。

队长应当经常努力使分队成为和睦的集体，他应当把自己的威信建立在自己优良的工作上，建立在自己模范的行为上，建立在青年团员的原则性上，而不是把自己变成一个首长。

在结束一天的工作的时候，在准确规定的时间并且按一定的方式，队长向教导方面的领导人报告关于本队的情况，关于学生犯错误和破坏制度的情形，如果有这样情形的话。这种简短的每天的报告可使领导人明了公社的情况，并且无论在对个别学生或是对整个组织的问题上都有可能迅速采取必要的措施。领导者熟悉情况并且对学生的行为和事件能及时采取措施，对于儿童的集体有巨大的教育作用。

队长3个月至6个月改选一次。这个期限是最适宜的：第一，在这短短的期限中，队长感觉到自己是受集体的全权委托而不致变成身居特殊职位的人；第二，要使大量的学生都能担任这一指挥的职务；第三，队长这一职务要求额外的努力，在这个期限内还不致使担任队长的学生感到负担过重。非得有充分的理由并且由队长会议通过，才能取消未到期限的队长的全权。要有非常严重和迫不容缓的情况，行政上才能解除队长的职务。

所有班级的队长和分队的队长组成中心的自治机构，即这一教育机关的集体会议（队长会议）。[1]

三、学生自治机构

儿童教育机关所有学生都参加的全体大会是主要的自治机构，在组织时期，在教育机关或集体（这里的集体是指队长会议——译者）的工作计划没能完成时，全体大会每周至少应当召开一次，在其他的时候，每月至少召开两次。

全体大会照例应当是公开的，就是集体所有成员都有权出席会议和发表意见。有些问题，例如关于文化工作和俱乐部工作等，需要全体出席者表决。

除了由集体会议做报告的那些会议以外，全体大会由集体会议的主席担任主席。也可以用其他方法推选主席，例如可以由集体所有成员轮流担任主席。这对全体学生获得一定的社会活动的技巧以及吸引他们参加积极的社会生活是有益的。

必须把推选主席团的时间缩短。一般说来，教育机关集体的全体大会，经常应当是非常实事求是的，不消耗学生许多时间。因此全体大会应当有由教导部门和青年团委员会共同拟定的并且经过全体大会批准的固定的精确的程序。

这种程序之所以有意义，不只因为不许可全体大会拖延和剥夺学生睡眠或阅读的时间，同时还因为这种程序能使发言的人习惯于在准确的时间内实事求是地、

---

[1]　马卡连柯著，刘长松译.马卡连柯全集（第五卷）[C].北京：人民教育出版社，1956.8—12.

简单扼要地发表意见。

虽然如此，然而全体大会永远不应中途停止讨论或是缩减发言人的名单，因为全体大会的目的之一是吸引全体学生参加积极的社会生活。

教导机关的领导者必须设法做到在全体大会上有严格的纪律，按次序发言，不喧嚷，不在会场内出出进进，不在坐位上喊叫。因此主席有权批评大会上破坏秩序的人，如果再次破坏秩序，就让他们退出会场。

必须让教育机关内所有基层集体（分队、工作队、班级）轮流管理全体大会会场。最好是这样做：分队每半个月一次负责维持全体大会（音乐会、电影）会场秩序。关于这件事应当用命令来宣布。值日的集体要注意在会议开始之前就把会场布置就绪，给主席团预备桌子、水瓶，在桌子上铺毯子等等。每次大会值日的分队，要分出一部分人员当值日干事，他们佩带着一定颜色的袖章，值日干事站在会场入口处视察，在开会或发言时不准人在会场上行走，不准在入口处拥挤，不准在会场上吸烟。必须让会上没有人戴帽子，没有人穿工作服进来（除了在车间开生产会议），这些干事应当执行主席的一切命令。

每学期开始，在全体大会上推选如下的自治机构：集体会议、卫生委员会、经济委员会。这些机构的组成人员在选举以前应当由教导部门和青年团决定候选人名单。当青年团组织在教育机关里占相当的主导地位时，必须把决定候选人的权利让给它。

中心机构——集体会议（队长会议）——必须解决当前的问题，所以不可能预先规定全部计划。此外，儿童教育机关中自治机构的一切工作，都应当准确地依照计划进行。

自治机构工作中具有决定意义的情况就是它的经常性。每一个自治机构，如果它由于某种原因长久不开会，就会丧失它的威信，并且事实上应当算是它已经不存在了。

自治机构工作的经常性，不是规定一个日程和指定准备于何日召开何种会议就可以保证的。

只有在教育机关的全部生活很好地建立起来的时候，只有在任何一个自治机构活动的停顿能立刻在教育机关的工作上反映出来并且被集体感觉到是一个缺点的时候，自治机构的工作才是迫切而重要的。应使自治机构具有这种意义，即经常是发生作用的机构。

能够大大减轻自治机构的工作的、在教育方面有许多其他益处的极其重要的自治形式，就是个人对工作负责的各个全权代表的工作。这种形式大大地使学生集体的工作走上专责制的原则，使其习惯于个人负责，缩短会议和讨论时间，使整个集体生活具有必要的合理的速度。

每一个教育机关都应当规定一种制度、确定检查自治机构的决议及其执行情形的手续。检查的职责可以轮流托付给各个基层集体，托付期限是一个月。

特别困难的问题是检查关于加到某一个学生身上的惩罚和感化措施的决议的执行情形；把这种职责委托给雇佣的工作人员是不容许的。特别困难的是监视那种具有长期性质的惩罚，例如各种限制；这样的惩罚，往往连犯过者本人和整个集体都会忘记，因而丧失了任何意义。

经验证明，检查感化措施的执行情况的最好形式，是这种检查的职责由其他职务附带完成。例如每个集体最好有一组学生是负责保护机关的内部或外部的。这种担任警戒的分队可以同时也是检查执行情况的分队，特别是可以把检查的职责托付给该分队的队长。

检查的职责也可以交给管理分队（机关中值日的）队长负责，也就是交给全体队长轮流负责。[1]

---

[1]　马卡连柯著，刘长松译.马卡连柯全集（第五卷）[C].北京：人民教育出版社，1956.12—16.

四、全体大会

行政当局和学生应当把所有学生都参加的全体大会看作主要的自治机构，教育机关应当拿出所有力量来支持它的威信。正因为如此全体大会的工作应当受到机关领导人特别的重视。在任何情况下，都不能容许大会有不正确的、有害的、错误的决议；因此，每个问题在提交全体大会审查之前，领导者本身对这个问题必须有自己明确的意见，要深知大会能有多少人支持正确的决议，哪些人可能反对。

必须在个别的自治机构工作中，在青年团和少年先锋队组织中，在集体的积极分子中，在和学生的个别谈话中，很好地酝酿全体大会的情绪和决议。

在开全体大会的时候，教育机关的领导者不应当滥用自己的可能性随便多发言和想什么时候发言就什么时候发言。应当首先给学生发言的机会。

如果预料到个别可以影响别人的学生会有不正确的发言或是全体大会的决定显然会不正确时，应当加强大会工作的事前准备，而在大会上让最忠实的和守纪律的集体成员准备发言；在任何情况下，都不能用行政的权力对大会施加压力、威胁或恐吓。

教育机关的领导者必须经常记住，全体大会不正确的和错误的决议可能不是因为大会的成分不好或是没有经验，而只是因为领导者本身在工作中犯下了极大的错误，因为对学生的关怀不够或是过分地关怀以致在某些方面就显得过分或是因为个别工作人员的疏忽大意或是不诚恳，最后，还可能因为问题准备得不充分。

遇见这种情形，领导者必须公开揭露自己的错误和个别工作人员的错误，无论如何都不要袒护他们，相反地，要通过行政采取果断的办法来对付他们。

领导者应该努力做到使学生全体大会在解决一切日常生活问题和工作问题的时候，不要陷身在眼前的琐事里面。必须把整个儿童教育机关的广大的任务经常摆在全体大会面前，解决眼前问题的时候，使全体学生永不忘记明天的任务、机构的前途以及建设和改善生活的计划。大会一切工作的主旨应当是向前进，使教育机关日趋繁荣，改进教育工作、学习成绩和生产。[1]

五、集体中的会议

队长会议是儿童教育机关集体中处理一切日常工作的中心自治机构。队长会议可以用各种方法组成，这要看教育机关的组织结构和特性、生产形式的存在与否而定，还要看积极分子的数量和学生的年龄而定。

在有强大的青年团支部的儿童教育机关中，队长会议具有巨大的意义，因为正确工作的青年团组织，并不能代替自治机构和执行它的日常工作。

自然，对各个自治机构的总的领导以及对整个集体的政治领导是青年团应当负的责任。在这种情况下，队长会议是集体中一切交际措施的领导者。会议大部分是由青年团员组成的，但会议中一切最重要的决定应当经常和青年团支部委员会协商。

当具备强有力的青年团组织的时候，队长会议的工作和组织结构可以表现为这样的形式：

参加会议的包括全体队长、各种委员会的代表、机关领导人、教导主任、医生和校长。青年团支部委员会的各位书记和少年先锋队组织的辅导员出席会议，他们是有表决权的。

儿童教育机关的领导人往往醉心于全套的各种各样的自治机构。没有任何的必要就设计一些复杂的自治制度，成立各种特别由全体大会选举的会议，而基层集体的自治机构同这些委员会平行存在。

---

[1]　马卡连柯著, 刘长松译.马卡连柯全集 (第五卷) [C].北京: 人民教育出版社, 1956.17—18.

这样的制度往往造成整个自治制度的混乱和不灵活。

整个单位在全体大会上特别选举出来的队长会议之所以不方便，是因为这样的队长会议是代表整个集体的利益的，没有把这集体分成基层的集体。教育人民委员部所属的每个儿童教育机关都坚持这种原则，但它早已受经验的非难。"儿童执行委员会"证明，在人数很多的儿童集体中，如果总的委员制机构不是由个别的基层集体的代表所组成，它的工作就会薄弱无力。这种机构的决定在贯彻到群众中去的时候非常之慢。此外，在这种制度之下，中心自治机构的成员对选举人和个别有关单位责任感不大，因而它的威信也就不高。

这种主要的队长会议的结构之所以方便在于：

（一）会议不只代表整个集体的利益，而且代表个别的基层集体的利益，因而，这种会议是更接近学生的，是更民主的；

（二）会议可以容易而且迅速地解决有关个别基层整体的——分队的——问题，甚至个人的问题。因为在会议中经常可以迅速接到分队负责人员——队长——的反映或报道；

（三）会议的决定很快就为所有分队所周知。并且，照例应当规定，在会议之后，队长立刻向本分队说明会议的决定；

（四）既然每个队长必须立刻向自己的分队报道会议的决定，因此，他在会议开会时就感觉自己是分队的全权代表，并对会议的一切决定负责；

（五）按照这种计划组成的队长会议，就成为便于迅速调度整个集体、并且能在最短时间内执行任何决定的机构；

（六）因为会议的成员就是队长，他本身就是生产和日常生活中以及分队的事物性生活中的参与者，所以他们具有广泛的可能性在学生的实践活动中迅速地实行决定。

（七）因为队长所代表的生产部门是各种形式的、各个车间的和各个部门的，在这样的会议中可以研究具有各种特点的生产领域中的任何问题：工学团的和公社的、儿童之家的、特殊的教育机关的和学校的。所有这些优点使我们宁可选择上述的会议结构而不选择其他形式的机构。

在特殊的教育机关中，中心自治机构的组织机构或者可以仍然照这个样，或者由于教育机关和儿童自治机构的结构的不同而有某些改变。

如果实际上有必要，队长会议的任期可以延长到下届会议任期的全部或一部分。

会议的积极性不够或是不能适应于摆在集体面前的新的任务，应当全体改选或是更换个别的队长。

在这种情形下提出改选的问题，教育机关的领导者要注意到不会损害会议的尊严。

在教育机关中还没有十分强有力的舆论之前，会议的成员也可以不由全体大会选举，而是由教育方面的领导者指定，以后就独立地逐渐补充新的成员。但在这时，每次更换队长会议的成员时，应当立即通知全体大会。

队长会议的全体成员在选出或指定之后，要用教育机关领导人的命令宣布。

队长会议要对集体的全体大会报告工作。[1]

六、卫生委员会

500个人的教育机关，卫生委员会至少应由7人组成。

卫生委员会由集体的全体大会半年选举一次。

教育机关中的医生必须参加卫生委员会。卫生委员会的决定不仅全体学生必须执行，并且机关中全体工作人员也必须执行。

---

[1]　马卡连柯著, 刘长松译.马卡连柯全集 (第五卷) [C].北京: 人民教育出版社, 1956.19—23.

在选出卫生委员会之后，机关中的医生应当和委员会的委员举行几次座谈，在座谈会上给他们讲关于流行病和预防方法的简单常识，给予他们关于生理学和卫生学的简单的概念，告知他们隔离病人的规则，检查食物质量和食具清洁的方法，食具镀锡和洗涤这种食具的规则，炊事员工作的卫生规则，此外，关于睡眠、通风、打扫、食用蔬菜和水果、吸烟等等的公共卫生规则。

卫生委员会全体人员应当负责监督儿童经常在规定的时间顺次实行医务检查、预防接种和其他群众性的医务措施。要注意安排好对学生进行经常的牙齿和视力检查，并组织及时的治疗（在教育机关中满500人时应当有自己的牙医室）。

监督浴室的工作，检查它的设备和装置，规定儿童进浴室洗澡的次序，制定洗澡日、更换床单和衣服的制度，设法使学生浴后不致伤风。

为了不致把传染病和寄生虫带进宿舍，卫生委员会应当研究并提出办法，交队长会议批准，应当拟定外人送入宿舍的规则、休假回来的学生的检查规则等等。并应经常注意，使一切采取的办法能贯彻到实际生活中去。

夏天，应当根据卫生委员会的倡导和决定，设法扑灭苍蝇，在厨房里安装纱窗，张贴捕蝇纸等等。经常设法做到在厨房里没有任何的昆虫和啮齿类动物，坚决消灭蟑螂和老鼠。

每天应当有一个卫生委员在机关中值日，值日最好免去生产工作。学校的课业他应当参加。

卫生委员会应当通过自己的值日经常检查儿童有没有剪手指甲和脚趾甲，应当做到，每一个小队都有一把剪刀，手和脚要经常清洁，要有固定的洗手的地方，放着肥皂和毛巾，注意让每个学生都有肥皂、牙粉和牙刷。

促使分队更好地收拾和整洁的最好的方法，就是分队之间的竞赛，在这种竞赛中，一方面要最精确地考虑到一切卫生上的破坏和疏忽，另一方面，也要最精确地考虑到一般房屋、教室、寝室和床铺的模范情况。

对于女生使用化妆品，梳过于时髦的和复杂的发式，染红指甲，都应当加以禁止。

儿童教育机关中卫生委员会工作组织得好，是具有非常重大的教育意义的：最重要的是教会儿童不仅愿意清洁和爱好清洁，而且经常善于保持清结，要求清洁。这个工作可以发展对细节和整体的注意力，可以发展以重复的活动形式坚持达到具体目的的能力。

集体的生活会变得更美好：整个教育机关的人和房舍的卫生状况提高起来，培养了人们在这一方面所必需的文明习惯。此外，在若干年中，经常变换卫生委员会人员的工作，培养出卫生工作方面的积极分子，他们具有一定的专门知识和对个人卫生与公共卫生的高度要求。[1]

---

[1]　马卡连柯著，刘长松译.马卡连柯全集（第五卷）[C].北京：人民教育出版社，1956.23—27.

第八章　马卡连柯论教育学

现在我们经常提到"研究型教师""专家型教师"，那这种类型的教师和传统教师的最大区别是什么呢？那就是研究型教师和专家型教师不仅能把课讲好，而且会不断地反思自己教学的成绩与教训，会自觉地思考教育教学问题。他们在实践中认真教学育人，不断地探索更好、更具针对性的教学方法，会自觉地根据时代和变化更新自身的教育理念和学生观，会自觉地思考教育的目的到底是什么……简言之，研究型教师是教育专家，他们改变了只行不思的职业习惯，把教师这个职业当成专业来看待，并一直在努力追寻着教育的理想。

毫无疑问，马卡连柯就是专家型教师的典范。马卡连柯的教育理论是在他积极参加社会主义建设的过程中，从马克思主义创始人关于教育的学说出发，在与形形色色的资产阶级教育思潮的斗争中及其创造性的实践中建立起来的。他不仅创造性地揭示和论证了教育科学中许多最现实的最复杂的问题，并且指出在教育实践中应当怎样以共产主义道德精神教育儿童。他不是从书本上的公式出发，而是从分析实际情况出发，对苏联学校教育问题提出了许多有价值的原理、原则和方法。他的理论基于实践、来源于实践，又无时无刻地不在指导着他的教育实践。因此，他的理论被认为是有生命力的，他的教育教学实践也被认为是有效的。马卡连柯的教育经历对我们今天的教育从业者有着重要的启示和借鉴意义。

一、教育方法

马卡连柯将自己定位为"一个实际教育工作者"，因为他有长期的教育工作经验，并且，他曾经信奉不疑的教育理论在指导实践过程中产生过失败。所以，马卡连柯在谈到对教育方法的思考时，所谈的较为偏重实际。

马卡连柯高度重视教育方法在教育过程中的作用，正如在劳动生产部门一样，合适的方法可以创造新记录，可以最大程度地提升劳动生产率。好的生产结果要靠发明、发现和钻研方法来得到。在教育当中亦是如此，理论是必要的，但是不是普适的，需要经过实践进行修正，发现适合于特定时代、特定教育场景的教育方法。他当时所处的时代，是实际工作者对科学原理予以很好地修正的时代。实际工作者通过自己的教育实践，发现问题，以理论为依据，探索解决问题的方法，这个过程中，头脑中的理论会和实践进行冲突和碰撞，让他们从中找出合适的教育方法。

在马卡连柯看来，教育工作中也必须有种种发明，甚至在个别的工作中，在细枝末节中，都要求教师要创造性地运用教育理论，发现、创造新的教育方法，不能够依据理论中的条条框框来从事教育工作。这是马卡连柯在他几十年的教育经历中深信不疑的。

许多人认为我是教育流浪儿童的专家，这是不对的。我整整做了32年的教育工作，其中16年是在学校里，16年是从事教育流浪儿童的工作。说实在话，我在学校里完全是在特殊的条件下（经常受工人的集体和党的集体影响的一个工厂学校里）工作的。

我从事教育流浪儿童的工作，也同样决不是专门的流浪儿童的教育工作。第一，由我从事教育流浪儿童的第一天起，我就对这种工作有一个假定的看法，我认为对流浪儿童并不需要采用任何的特殊方法；第二，我在很短的时间里，就顺利地使流浪儿童保持了正常的情况，使继续教育他们的工作和教育正常的儿童完全一样了。

我在哈尔科夫近郊内务部人民委员会所属的捷尔任斯基公社工作的最后时期，已经有了正常的集体——有了十年制学校，并追求着我们一般学校所追求的通常目的。在这个集体里的儿童都是以前的流浪儿童，本质上和正常的儿童没有任何的差别。如果要找差别的话，那也许就是关于好的一方面了。因为在捷尔任斯基公社的劳动集体的生活中，进行了很多很多的补充教育，甚至于比家庭做得还更多些。因此，我的实际结论不仅可以适用于不好教育的流浪儿童，而且可以适用于所有的儿童集体，因而也就可以适用于从事教育工作的一切工作者。

这是要请大家注意的第一点。

现在，来谈一谈我的实际教育逻辑的本质。我获得了若干信念，这些信念的获得，并不是轻而易举的，也不是迅速顺利的，而是经过了若干相当令人苦费心思的疑难和错误阶段的。

首先是关于教育科学本质的问题，这是很有兴趣的一个问题。我们现代的教育思想家和个别的教育工作组织者中间有一种信念，认为教育工作中不需要有任何特殊的和个别的方法，认为教学法、各科教学法本身就应当包含全部教育思想。我是不同意这种看法的。我认为，教育范畴——纯粹的教育范畴——在某些情况下是有别于教学法的一种个别范畴。

什么东西使我特别相信这一点呢？使我相信的是以下的事实。在苏维埃国家里，能够受到教育的不仅是儿童，不仅是学生，而且每一个公民随时随地都能受到教育。所谓接受教育，或者用特别的组织方式，或者用广泛的社会影响的方式。我们国家里的每一种事件，每一种运动，每一种过程，总是不只伴随着专门的任务，而且也伴随着教育的任务。关于这一点，不久以前我们所经历过的最高苏维埃的选举，就是充分的证明。在这次选举中，包含着触及千百万人的广泛教育工作，甚至于连仿佛不受这一教育工作波及的人也都影响在内了。这一次选举连最消极被动的人都被推动起来，使他们参加了积极的活动。

我要特别强调指出苏维埃红军的成功的教育工作。你们大家都知道的很清楚，参加了红军的每一个人，在那里都被培养成了新人，不仅有了新的军事知识。新的政治知识，而且具有了新的性格、新的技术和新的行为典型。当然，这一广泛的苏维埃社会主义教育工作，在步调上、作风上和趋向上自然是统一的，而且也当然是有一定的教育方法的。在苏维埃政权20年来的过程中所实行的这一教育方法，已经可以做出结论了。如果在这一教育方法上再补充上我们的普通学校、高等学校和幼儿园、儿童之家等其他教育机关的教育成就上的丰富经验，那么，我们就可以具有极广泛的教育工作的经验了。

如果我们拿久经考验、久已确定和久已确切形成的教育方法，拿我们的党、共产主义青年团的各种决议和主张，拿列宁和斯大林同志的言论来说的话，那么，老实说，我们现在确实完全可能编制一部苏维埃教育事业的全部原则和定则的真正的大法典了。

我个人在实践中也不得不把教育的目的作为主要的目的。因为，委托我的是所谓违法者的再教育工作，摆在我面前的首先是教育这一个任务，甚至于任何人都没有向我提出教养这一个任务。交给我教育的是些违法的男女儿童，照旧的说法，这就是犯罪者。这些男女儿童都具有极明显的和可怕的性格，因此，我首先提出一个目的，就是改造这种性格。

起初，我觉得所谓主要的东西就是某种个别的教育工作，尤其劳动教育。这种极端的主张我保持得并不很久，但公社里其他的同事们对于这种主张坚持了很长的时间。这种主张是在仿佛完全被默认的一种肯定论断的帮助之下存在的，这种肯定论断就是：谁愿意在学校里学习，谁就可以学习；谁不愿意学习，谁就可以不学习。实际上，这样的结果就变成了谁也不愿意认真来学习。只要某一个人在班级里遇到了某种失败，他就可以执行他的权力：不愿意学习。

我是重视十年制完全学校的，并且我坚信，真正的再教育工作——保证不再犯的完全再教育工作，只有在完全的中学里才有可能。直到现在，我仍然相信教育的方法是有逻辑的，这种逻辑和教养的逻辑不同。无论前者，无论后者——教育的方法和教养的方法，据我看来，应该构成两个部分——或多或少地构成教育科学的独立部分。当然，这两个部分应当保持着有机的联系。不消说，班级里的一切工作，总是属于教育的工作，把教育的工作缩小为教养的工作，我认为是不可以的。

现在，可以就教育方法的基础这一方面说几句话。

我首先相信，教育工作的方法是决不能从有关科学，如心理学和生物学等方面的命题引申出来的，不管这些科学经过如何的分析研究；自从巴甫洛夫的著作问世以后，尤其是生物学，是更不能够这样来做的了。我认为我们是没有权利根据上述的科学给教育方法做出直接的结论的。这些科学在教育工作上是有意义的，但决不能作为据以做结论的前提，而是居于检查我们实际成就的监督地位。

此外，我认为教育方法只能够由经验中获得（经过心理学和生物学等科学理论的检验和确定）。[1]

二、教育目的

在对教育方法的阐述之后，马卡连柯指出：教育学，特别是教育理论，首先是在实践上适应一定目的的科学。教育是为特定阶级和社会服务的，带有政治

---

[1] 马卡连柯著，刘长松译.马卡连柯全集（第五卷）[C].北京：人民教育出版社，1956.94—97.

目的，一定会受到特定社会特定发展阶段的规定和限制。如果离开了这一社会规定性，教育就无法有针对性地完成育人工作；教师如果不思考教育目的这一问题，也就没有权利进行教育工作；如果教师对教育目的的问题没有明确的和清晰的认识，教育工作就会变成脱离政治的教育工作，这是非常危险和可怕的现象。因此，作为专家型的教师，教育工作永远是自始至终适应着一定的目的，永远知道他们要培养什么样的人、要获得什么样的目的。

教育工作的目的是从什么地方产生的呢？当然，这是从我们社会的需要、从苏维埃人民的意向、从我们革命的目的和任务以及我们的斗争的目的和任务里产生的。正因为如此，目的的形成当然也就既不能出之于生物学，也不能出之于心理学，而只能够由我们的社会历史中、由我们的社会生活中得出来。

我相信在目的这一方面，在适合目的性这一方面，教育理论首先犯了错误。我们的教育工作中的一切错误、一切偏向，总是发生在适合目的性的逻辑这一方面。我们姑且把这个称为错误。

在教育理论中，我看到了这些错误的三种类型，这就是：演绎臆断类、强调伦理概念类和孤立方法类。

我个人是相信以下的事情的：如果我们以普通的一个苏维埃学校为例，把这个学校交给良好的教师、组织者和教育人员们的手里，并且，让这个学校继续办上20年，那么，在这20年的过程中，这个学校就会在良好教师的手里通过这样的道路：教育方法从始至终，彼此之间会有很大的不同。

一般地说来，教育学是最辩证、最灵活的一种科学，也是最复杂、最多样化的一种科学。这种见解，就是我的教育信念的基本标志。同时，我相信我所说的逻辑是不会和我们优良的苏维埃学校以及许多优良的儿童集体和非儿童集体的经验相矛盾的。

这就是我预先要说的一般意思。

现在我们来谈一个最主要的问题——关于确定教育目的的问题：教育目的由谁来确定？怎样确定？什么时候才能确定？什么是教育目的？

我所理解的教育目的就是：人的个性的培养计划，人的性格的培养计划。同时，我把个性方面的一切内容都包括在性格的概念中。

当一个男孩子在十年制学校毕业时，我就有过这样的情形，这个孩子的名字叫契连秋克。他学习很好，成绩是全5分（我们学校当时采用五级制记分法），以后他想进高等工业学校。我早已发现他有很大的演员天才，而且是非常稀有的喜剧演员的天才，特别机智聪明，有天赋的优良声带，富于表情，是一个聪慧的喜剧演员。我观察到只有在演剧工作这一方面，他才能够获得很大的成就，如果上工业学校，他就是一个平常的学生。但是，当时有那么一种爱好，所有我的"孩子们"都想做工程师。如果说到做教师的话，大家当面就会笑起来。"为什么偏要故意去做教师？""那就去当演员。""你说到哪儿了，当演员算什么工作？"于是，契连秋克进了工业学院，我深信我们失掉了一个出色的演员，我让步了。我终于没有权利挽回这件事情。但是，我总是不能释然于怀的。他学习了半年，来参加我们的戏剧小组。我想了又想，最后决定召他参加社员大会，我埋怨契连秋克，说他不服从纪律，上高等工业学校去了。全体大会上一致说："你为什么难为情？给你说了，而你不服从。"大会最后决定不许他上工业学院，决定把他送到戏剧专科学校去学习。他不高兴地走了，但他不能够不服从集体。他得到了奖学金和公共宿舍。现在，他成为出色的演员了，已经在一个有名的远东剧院演出了，在两年的过程中，他获得了一般人10年里才能获得的成就。现在，他非常感谢我。

但是如果现在我再遇到这个样的问题，我还是没有把握解决它。我深信每一个教师都会遇到这样的问题：教师有权利干涉学生性格的发展，并予以指引使其向应走的方向去发展呢？还是只应当消极地跟随着学生的性格走呢？我以为，问题应该这样解决，那就是：有权干涉。但是，应该怎样做才对呢？在每一个别情况下，这个问题是要个别处理的，因为，有权利是一回事，而能够做得好是另一回事，这是两个截然不同的问题。[1]

---

[1]　马卡连柯著，刘长松译.马卡连柯全集（第五卷）[C].北京：人民教育出版社，1956.98—104.

结　语

　　苏联杰出的教育理论家、实践家和革命家马卡连柯的教育理论，是苏联教育科学中的重要组成部分。高尔基对此给予高度评价，称马卡连柯为新型的教育家，说他的教育经验是具有世界意义的。事实正是如此。马卡连柯的教育理论和教育经验不仅在苏联，而且在其他社会主义国家，尤其在解放后的中国，都产生了并继续产生着重大的影响。

　　马卡连柯的名字与"高尔基工学团""捷尔任斯基公社"紧密相连。他在这两所特殊学校15年的教育实践中，造就了3000多名名副其实的技工、红军干部、学者和专家，其中不少人后来成了国家勋章获得者、先进工作者和卫国战争英雄。他形成了自己具有特色的教育思想体系，得到了社会的公认和好评。

　　我的高尔基人成长起来了，分散到了苏维埃国家的各地，此刻我甚至在想象中都难以把他们集合起来。我怎么也抓不住在土库曼一个规模宏大的工地上埋头工作的札陀罗夫工程师，我也无法把特别远东区的韦尔希尼尧夫医生或是雅罗斯拉夫的布隆医生召来相见。连米季卡和左连这两个小家伙，也离开了我，振翅飞走了，不过现在他们的翅膀不是以前在我这个教师的爱护之下长出的柔软的翅膀，而是苏联飞机的铁翼。谢拉普青（人名）当初肯定地说他将来要做飞行员，并没有说错。席韦里不愿意学他哥哥的榜样，也去当飞行员去了，他哥哥给自己选择的是北极领航员的道路。

　　谢苗也没有成为农学家。他念完了农业工农中学，但是没有进大学，他坚决地对我说：

　　"随他们去种田去吧！我不跟孩子们在一块简直活不下去。世界上不知道还有多少好孩子在到处流浪，嘿，真多极啦！安东·谢苗诺维奇，您既然能够辛辛苦苦地做这件工作，我想我也可以做。"

　　谢苗就这样走上了献身给社会教育的道路，始终没有改变。

　　别路兴也没有进高等学校。我很意外地接到他的来信：

　　我是故意这样做的，安东·谢苗诺维奇，我故意事先一点不告诉您，希望您一定要原谅我才好，可是如果我一心喜欢当军人，我哪里能成为什么工程师呢？现在我已经进了骑兵学校。当然，我这样的做法——离开工农中学——可说真是该死。这样做法总有些不大好。可是请您务必写一封信给我，否则的话，我心里总有些不安。

　　像别路兴这样的人心里即使不安，也还可以活下去。如果苏联的骑兵连里有了别路兴这样的指挥员，那更是可以安安心心地生活下去了。等到他来看我的时候，我看到他已经佩戴着方形徽章（1943年以前苏联军队中使用的中级指挥员的军衔徽章），高大强壮，完全成了大人，"样样具备"，我对自己的这种想法更是坚信不疑了。

　　来看我的不只是别路兴，还有别人，可是我看到他们一个个都长成了大人，总觉得很不习惯。来的有奥萨德契——工艺技师，奥夫恰连柯——司机，里海沿岸的土壤改良家奥格乌夫，教员玛路霞，火车司机索罗卡，电气工人伏洛霍夫，钳工柯雷托，拖拉机站工长费陀连柯，党的工作者——阿廖希卡·伏尔柯夫，库德拉狄，若尔卡·伏尔柯夫，已经具备了真正的布尔什维克性格、像从前一样敏感的马克，还有其他许许多多的人。

　　但是在这7年里面，也有许多人和我不通消息。安东不知陷在哪里的马匹的大海，杳无音讯；热情而乐天的拉波季，高明的鞋匠古德，还有伟大的设计家塔拉涅茨，也都不知去向。我心里并没有因此难过，也不责怪这些孩子们的善忘。我们的生活的内容实在太丰富了，因此并不需要把对父亲们和老师们的渴求的感情时刻放在心上。而且在"技术上"也无法把他们全部集合起来。单是从高尔基教养院毕业出去的男孩子和女孩子就不知有多少，他们的名字在这里写也写不下，但他们都是同样地生气勃勃，对我都是同样地熟悉，同样地可亲。[1]

---

[1]　马卡连柯著，许磊然译.教育诗 [M].北京：群众出版社，1981.285—287.